Ich hab

Armin Kaster

schon über

500 Freunde!

⬚ Verlag an der Ruhr

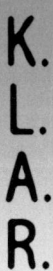

Impressum

Titel
Kurz – **L**eicht – **A**ktuell – **R**eal
Ich hab schon über 500 Freunde!

Autor
Armin Kaster

Umschlagmotiv
© Aamon – stock.adobe.com

Druck
Heenemann GmbH & Co. KG, Berlin, DE

Verlag an der Ruhr
www.verlagruhr.de
info@verlagruhr.de

PEFC-zertifiziert

Dieses Produkt
stammt aus
nachhaltig
bewirtschafteten
Wäldern

PEFC/04-31-1156

www.pefc.de

Ab 12 Jahre

© 2012, Verlag an der Ruhr GmbH,
Wilhelmstr. 20, 45468 Mülheim an der Ruhr
Nachdruck 2025
ISBN 978-3-8346-2278-5

Begleitendes Unterrichtsmaterial:

K.L.A.R. – Literatur-Kartei:
„Ich hab schon über 500 Freunde!"
Armin Kaster
Kl. 7–10, digital, 64 S., A4
PDF: ISBN 978-3-8346-2279-2 (Basis-Lizenz)

Vorwort

Ich grüße dich!

Vor ein paar Tagen habe ich diesen Roman fertig geschrieben. Jetzt habe ich nur noch eine Sache zu tun: Ich muss ein Vorwort schreiben.

Als ich vor vielen Monaten anfing, über diesen Roman nachzudenken, wusste ich zunächst nicht so genau, was ich von Facebook halten sollte. Es wurde von Menschen gesprochen, die dort ihr halbes Leben der Öffentlichkeit zeigen, und vor vielen anderen Dingen gewarnt, sodass ich anfangs gar nicht begeistert war.

Doch dann habe ich Facebook kennengelernt und festgestellt, dass es eine wirklich gute Sache sein kann. Es ist faszinierend, wie problemlos Informationen miteinander geteilt werden können. Auch ein Profil so gestalten zu können, dass andere sich ein besseres Bild von einem machen, – *Gefällt mir.*

Und so bleiben mir hier nur zwei kleine Sätze zu sagen:

1. Postet nicht alles!
2. Viel Freude, Spannung und Neugierde beim Lesen des Buches!

Armin Kaster

1

„W enigstens haben wir jetzt Internet", sagte Alina.

Vor sechs Tagen war sie mit ihrer Familie in einen Vorort von Hamburg gezogen. Überall in der Wohnung standen Kartons und Kisten. Es war das reinste Chaos.

„Was heißt hier ‚wenigstens'?", fragte ihre Mutter und schüttelte den Kopf. „Wir haben eine neue Wohnung und du denkst nur ans Internet."

„Aber das stimmt doch gar nicht", verteidigte sich Alina. „Ich mein doch nur …"

„ … dass es dir hier nicht gefällt", unterbrach ihre Mutter.

Alina sah sie ratlos an. Es hatte keinen Sinn, mit ihr zu streiten. Seit Tagen war die Stimmung gereizt.

Plötzlich gab es einen Knall, begleitet von einem Schrei aus dem Flur.

„Was ist jetzt schon wieder?", rief die Mutter und verdrehte die Augen.

„Nichts!", antwortete Alinas Vater.

„Das klang aber anders", sagte die Mutter.

Ihr Vater kam in die Küche.

„In diesem Haus hält einfach kein Dübel",
sagte er. „Das ganze Regal ist runter-
gekommen. Seht euch das mal an!"
Der Vater legte ein Regalbrett auf den Tisch.
Ein fetter Kratzer zog sich über die gesamte
Fläche.

„Na prima", seufzte die Mutter.

„Ist doch nicht so schlimm …", sagte Alina.

„Wie bitte?" Der Vater sah Alina wütend an.

„Hast du eine Ahnung, wie teuer so was ist?"

„Ihr gefällt's hier sowieso nicht", mischte sich
die Mutter ein.

„Das stimmt doch gar nicht!", rief Alina.

„Ich mag die Wohnung. Aber es ist …"
Sie holte tief Luft. „Alles ist so neu hier.
Versteht ihr? Ich fühle mich hier einfach
noch nicht zu Hause."

Alina wünschte sich, dass ihre Eltern
etwas dazu sagen würden.

Stattdessen fragte ihre Mutter:

„Wo ist eigentlich Ben?"

„Beim Fußball", sagte Alina.

„Na prima", stöhnte der Vater. „Hier geht's
drunter und drüber und meine einzige Hilfe
ist weg."

Ben war Alinas älterer Bruder. Mit seinen
17 Jahren war er meistens unterwegs. Er hatte sogar schon einen neuen Fußballverein gefunden. Heute war sein erstes Training.
„Und wann ist er wieder zu Hause?", fragte
der Vater und sah Alina an.
Bei diesem Wort wurde Alina traurig.
Denn ihr altes Zuhause gab es nicht mehr.
Sie wohnte jetzt hier, am Ende der Welt.
Abgeschnitten von allen Freundinnen und
Freunden. Fast hätte sie geweint. Vor allem,
weil in zwei Wochen die Sommerferien begannen. Und sie hatte keine Ahnung, was
sie mit der vielen freien Zeit machen sollte.
„Dein Vater hat dich was gefragt", drängte die
Mutter.
Alina zuckte mit den Schultern.
„Keine Ahnung", sagte sie leise.
Alina musste zugeben, dass ihre Mutter
Recht hatte. Ihr gefiel es hier wirklich nicht. Ihr
Zuhause war in Köln. Fünf Stunden weit weg.

„Alles klar, Schwesterherz?"
Alina schreckte aus ihren Tagträumen hoch,
weil sie in ihrem Zimmer saß und Musik hörte.

„Was erschreckst du mich immer so", fauchte sie ihn an. Aber sie musste sofort lächeln. Ihr großer Bruder schaffte es immer wieder, ihre schlechte Laune zu vertreiben.

„Man hat dich vermisst", sagte Alina.

„Hab ich schon gehört", sagte er. „Hier ist immer noch schlechte Stimmung, was?"

Alina nickte.

„Dafür haben wir jetzt WLAN", sagte sie.

Ben grinste.

„Na, also", erwiderte er und drehte sich zur Tür. „Dann kann ich mal posten, dass ich einen neuen Verein gefunden habe."

Damit war er wieder verschwunden.

„Schönen Abend noch ...", murmelte Alina. Sie verstand nicht, warum ihr Bruder alles bei Facebook posten musste.

Den restlichen Abend verbrachte Alina in ihrem Zimmer. Sie schaute sich die Fotos an, die an ihrer Pinnwand über dem Schreibtisch hingen. Auf jedem Bild lachte sie und sah glücklich aus: im Kindergarten, bei der Einschulung oder in der Jugendherberge vor einem Jahr. Damals ging es ihr noch gut.

Als ihr Blick auf das Klassenfoto fiel, kam ihr eine Idee. Schnell holte sie das Telefon und wählte die Nummer ihrer Freundin Kati.

„Weingartz?", kam es aus dem Hörer.

„Hallo, Frau Weingartz, hier ist Alina.

„Alina!", rief Frau Weingartz erfreut.

„Geht es dir gut?"

„Naja", sagte Alina. „Geht so."

„Wir sprechen so oft von dir. Es ist wirklich schade, dass du weggezogen bist. Kati ist mit Jenny und Luci im Open-Air-Kino."

„Ach ja …", sagte Alina leise. Normalerweise wäre sie jetzt mit dabei gewesen. Sie starrte auf das Foto ihrer alten Klasse. Es gab Alina einen Stich ins Herz.

„Alina?", kam es aus dem Hörer. „Ich wünsche dir alles Gute." „Ja, danke …", sagte Alina und unterbrach die Verbindung.

Sie wollte auf keinen Fall anfangen, zu weinen. Doch da liefen ihr schon die Tränen übers Gesicht.

„Ich find's bescheuert", sagte Alina. Sie saß in Bens Zimmer. Den ganzen Sonntag hatten ihre Eltern in der Wohnung gearbeitet. Jetzt war es Abend und die beiden schliefen seit einer Stunde vor dem Fernseher.

„Wie jetzt …?" Ben starrte auf den Bildschirm und tippte etwas in die Tastatur. In regelmäßigen Abständen kam das Zeichen für eine eingegangene Nachricht.

„Ich finde es hier bescheuert", sagte Alina. „Zu Hause hatten wir wenigstens eine Clique und alles."

Ben lächelte und schrieb weiter. „Ich habe immer noch Freundinnen und Freunde. Seit Freitag sogar 15 mehr."

„Na toll!", lachte Alina genervt. „Bei Facebook. Findest du, das sind echte Freunde?"

Ben sah Alina kurz an.

„Nur weil du damals Ärger wegen deinem Fake-Account bekommen hast, bist du dagegen."

Alina erinnerte sich daran, wie sie sich mit zwölf Jahren bei Facebook angemeldet und ein falsches Alter angegeben hatte. Eine Freundin ihrer Mutter hatte es noch am selben Tag herausgefunden. Es gab einen Riesenkrach und danach war ihr Handy erst mal weg.

„Du bist jetzt alt genug", sagte Ben.
„Melde dich einfach wieder an."
„Nee. Mir ist das alles zu …"
Alina dachte nach. Irgendwie hatte sie
keine Lust auf Facebook, auch wenn sie
längst 14 war.
„Zu unpersönlich?" Ben grinste breit.
„So was sagen Mama und Papa doch
auch immer über Facebook."
Alina trat Ben vors Bein.
„Ist aber doch wahr! Von wie vielen kennst
du denn mehr als den Namen?", blaffte sie
ihn an.
Ping. Die nächste Nachricht. Ben musste
lachen.
„Und noch eine Freundschaftsanfrage!"
Sofort bestätigte er die Anfrage. Dann
schrieb er eine Antwort. Ben hatte gute
Laune. Und Alina dachte über Facebook
nach.

Alina sah aus dem Fenster. Das Feld hinter
ihrem Garten lag jetzt im Dämmerlicht vor ihr.
Ihr Radiowecker zeigte 22.07 Uhr. Kati war
bestimmt zu Hause. Aber für einen Anruf

war es viel zu spät. Also schrieb sie eine WhatsApp-Nachricht.

– *Wie war's gestern im Kino? Grüße aus der tiefsten Provinz. Alina*

Sie wartete auf eine Nachricht. Aber Kati antwortete nicht. Sie stellte sich vor, wie ihre drei Freundinnen den Abend im Biergarten vom „Greyhound" verbracht hatten. Das Wetter war super und bestimmt waren noch mehr aus ihrer Klasse dabei gewesen.

Alina hielt ihr Handy vors Gesicht und rief: „Hallo! Ist da jemand? Hallo-hooo!"

Sie musste lachen. Aber sofort wurde sie wieder ernst. Ob sie jemals Anschluss in der neuen Stadt finden würde? Nach einer Weile schrieb sie zwei weitere Nachrichten an Jenny und Luci. Doch die beiden reagierten auch nicht.

Alina stand auf und stellte sich zurück ans Fenster. Ein Fahrrad fuhr über die Straße. Kurz darauf ging eine Frau mit ihrem Hund spazieren. Ansonsten war nichts los.

Mit einem Mal kam ihr ein schrecklicher Gedanke. Was wäre, wenn sie hier niemals neue Freunde finden würde? Ihr wurde schlagartig schlecht.

2

Am nächsten Montag hatte Alina zur zweiten Stunde. Ihre neue Klasse war eigentlich ganz o. k. Aber irgendwie fiel es ihr schwer, die anderen anzusprechen. Und dann saß sie auch noch neben Carina, die hier ganz offensichtlich die Außenseiterin war. Plötzlich vibrierte Alinas Handy. Unauffällig las sie die Nachricht. Sie konnte gerade noch – *Gestern mit Justin im …* lesen, als ein Schatten auf ihren Tisch fiel.

„Und tschüss!", sagte Frau Fuchs. Sie streckte ihre Hand nach dem Handy aus.

Alina fehlten die Worte.

„Das bekommst du nach der sechsten Stunde zurück", sagte Frau Fuchs und ging zurück zum Pult.

„So sind hier die Regeln", sagte sie. „Und beim nächsten Mal können deine Eltern persönlich vorbeikommen."

Alina wurde rot. Als ein paar Mädchen grinsten, sah sie einfach weg.

„Bist du auch bei Facebook?" Carina lief nach der letzten Stunde neben Alina her. Aber sie hatte keine Lust auf ein Gespräch. Schon gar nicht mit Carina.

„Tut mir leid", sagte Alina. „Ich muss schnell ins Lehrerzimmer."

Damit bog sie in den nächsten Gang und hängte Carina ab.

Vor dem Lehrerzimmer traf sie Frau Fuchs.

„Ich hoffe, das kommt nicht wieder vor", sagte Frau Fuchs und gab Alina das Handy.

„Bestimmt nicht", erwiderte Alina und schaute schnell auf das Display. Eine neue Nachricht.

„Ich verlasse mich drauf", mahnte Frau Fuchs und ging zurück ins Lehrerzimmer.

Alina lief schnell nach draußen und las zuerst Katis Nachricht zu Ende:

– Gestern mit Justin im Marktplatz. Rat mal, was …???

Die neue Nachricht war von Jenny: *– Du fehlst! Am Samstag gut gefeiert, heute erst mal entspannen. Es gibt ne Menge Neuigkeiten! Komm endlich zu Facebook!!!*

Am Nachmittag fand sie zu Hause einen Zettel auf dem Küchentisch: *Wir sind noch mal im Baumarkt. Wenn du Hunger hast, mach dir eine Pizza warm. Bis heute Abend. Mama*

Darunter fand Alina einen weiteren Satz, der ihr guttat: *PS: Es tut mir leid, dass wir im Moment so gestresst sind. Hab dich lieb!*

Alina faltete den Zettel zusammen und steckte ihn ein. Dann warf sie einen Blick in Bens Zimmer. Doch der war weg. Dafür war sein Laptop noch an. Sie bewegte die Maus über den Tisch. Sofort zeigte der Bildschirm Bens Startseite bei Facebook.

Irgendein Sammy SC hatte einen Film gepostet. Alina sah das Profilbild dieses Sammy SC: eine Ananas mit Sonnenbrille. Dann klickte sie den Film an: Ein Fußballer dribbelte den Ball übers Spielfeld. Kurz vor dem Torwart stolperte er und stürzte mit dem Kopf gegen den Ball. Tor!

„So ein Scheiß …", sagte Alina. Trotzdem musste sie lachen.

Darunter hatte ein Typ mit dem Namen Tarik Millar eine Statusmeldung geschrieben: – *Jetzt auf der Domplatte.*

Einige Leute hatten *Gefällt mir* geklickt.

„Was soll denn der Quatsch?"

Alina konnte nicht verstehen, dass jemand so was bei Facebook veröffentlichte. Und ständig diese langweiligen Facebook-Fragen:

– *Steigt Köln wieder in die erste Liga auf?*

– *Wer ist der beste Stürmer der Liga?*

„Kann man helfen?"

Unbemerkt war Ben ins Zimmer gekommen. Alina fühlte sich ertappt. Sie murmelte nur: „Sorry …"

Ihr Bruder sah Alina an und lächelte.

„Vielleicht doch zu Facebook?"

Alina tippte sich an die Stirn.

„Im Leben nicht!", sagte sie.

In diesem Moment öffnete sich ein Kasten unten rechts. Ben hat eine Chat-Mitteilung. Er sah verstohlen zu Alina.

„Äh, Schwester, könntest du mich mal einen Moment alleine lassen …"

Alina erkannte gerade noch, dass neben dem Text das Bild eines langhaarigen Mädchens war. Daneben stand der Name Hannah Jansen.

Alina grinste und ging in ihr Zimmer.

Dort las sie noch einmal Jennys WhatsApp

mit der Aufforderung: – *Komm endlich zu Facebook!!!*

Sie tippte als Antwort: – *Vergiss es! Du weißt, dass ich Facebook hasse! Aber schreib mal die Neuigkeiten!!!*

Wenn sie ehrlich zu sich war, fürchtete sie, von Facebook vereinnahmt zu werden. Ilham und Svenja aus ihrer alten Klasse waren ständig dort. Ihre Noten wurden immer schlechter. Und die beiden gaben sogar zu, dass es wegen Facebook war.

Jenny antwortete sofort.

– *Die News siehst du auf meiner Pinnwand. Los, meld dich an!!!*

– *Erpresserin …*

Alina hob den Kopf und schaute auf die Fotos an ihrer Pinnwand.

Bei Facebook gab es auch eine Pinnwand. Aber die in ihrem Zimmer war echt. Und die Fotos aus richtigem Papier. Doch hier konnte nur sie die Fotos sehen.

Alina betrachtete zum x-ten Mal die immer gleichen Bilder.

Sie stieß einen langen Seufzer aus.

Alina schrieb: *www.facebook.com*
Das Bild, das jetzt kam, kannte sie
noch von ihrem Fake-Account.
Alina gab ihren Namen, die E-Mail-Adresse,
ein Kennwort und ihr Geburtsdatum an.
Ein Fenster öffnete sich und ihr wurden zur
Begrüßung drei erste Schritte vorgeschlagen,
mit denen sie ihr Profil bearbeiten konnte.
In diesem Moment klopfte es an ihrer Tür.
„Nein!", rief Alina.
Doch da stand Ben schon neben ihr.
„Das solltest du überspringen."
„Du Pfosten!", rief sie. „Ich hab ‚Nein' gerufen!"
„Ist aber wichtig", sagte Ben. „Mach erst mal
dein Profil klar, bevor du Freunde suchst."
Alina sah, dass sie im ersten Schritt auf-
gefordert wurde, in ihren E-Mail-Adressen
nach Freunden zu suchen.
„Und den zweiten Schritt solltest du auch
überspringen", sagte Ben. „Es ist besser,
wenn du deine Schule nicht bekannt gibst."
Alina war noch immer gereizt. Aber sie
vertraute ihrem Bruder und las, dass sie im
dritten Schritt ein Profilbild hochladen konnte.
„Du kannst auch ein Foto mit deiner Webcam
machen", erklärte Ben.

„Lass mich in Ruhe!", rief Alina. „Du nervst!"
Ben lachte kurz. Dann fragte er: „Hast du eigentlich dein richtiges Geburtsdatum angegeben?"
„Klar …", sagte Alina.
„Dann bist du bei Facebook als Minderjährige registriert", sagte Ben.
„Na und?" Alina sah Ben fragend an.
„Dann kannst du etwas weniger machen als Erwachsene", sagte er.
Alina wurde etwas unsicher. Hatte sie einen Fehler gemacht?
„Wenn dein Profil öffentlich ist, können es nur die Freunde und Freunde von deinen Freunden sehen. Das ist so bei Minderjährigen", erklärte Ben weiter. „Aber das ist völlig o. k. Und eins solltest du unbedingt beachten. Wenn du …"
„Kannst du mal den Mund halten?!" Alina warf ihrem Bruder einen stechenden Blick zu. „Ich muss mich erst mal selbst zurechtfinden."
Damit drehte sie sich wieder um und öffnete ihr Fotoalbum. Sie entschied sich für ein Foto, das ihr besonders gut gefiel. Es zeigte sie in Spanien am Meer.

„Und jetzt verschwinde", sagte Alina und wedelte mit der Hand.

Als Ben gerade hinausgehen wollte, sagte er noch: „Oben rechts ist übrigens ein kleiner Pfeil. Wenn du den anklickst, kommst du zu den Privatsphäre-Einstellungen. Die solltest du bearbeiten, damit nicht jeder alles von dir sehen kann."

Bevor Alina etwas sagen konnte, war er schon verschwunden.

Alina schrieb *Katharina Weingartz* in das obere Feld, in dem sie nach Personen suchen konnte. Sofort erschien ein kleines Bild von Kati. Sie klickte darauf und war auf Katis Profil. Das Titelbild zeigte ein Zebra mit rosaschwarzen Streifen vor einer Bushaltestelle. „Typisch ...", sagte Alina und musste lachen. Kati mochte witzige Fotos von Tieren.

Dann klickte Alina auf *FreundIn hinzufügen*. Es dauerte keine Minute, da bestätigte Kati Alinas Anfrage.

In dem Moment öffnete sich das Kästchen mit dem Chat. Alina las: – *Heyyyyyyyy, Süüüüüße!!! Endlich bist du da!!!*

Sofort antwortete Alina: – *Ich hab's echt gemacht! Jetzt sind wir wieder zusammen!*

Kati antwortete: – *Du musst noch Jenny und Luci adden. Klick auf mein Bild. Dann findest du oben die Freundesliste.*

Alina folgte Katis Vorschlag und sah, dass sie 237 Freunde hatte.

„Wow …", sagte Alina. „Das ist viel!"

Sie scrollte Katis Freundesliste herunter und sah lauter bekannte Gesichter aus ihrer alten Klasse. Es waren auch einige aus der Schule dabei, die sie nur vom Sehen kannte. Beim Anblick all der Leute bekam Alina schreckliches Heimweh.

Aber sie wollte sich nicht schon wieder von ihren Gefühlen überrollen lassen. Also suchte sie schnell nach Jenny und Luci.

Sie fand deren Fotos und klickte jeweils auf *FreundIn hinzufügen.*

Wenige Sekunden später blinkte eine weiße zwei neben dem Anfragesymbol. Und sofort öffnete sich ein zweites Chat-Feld mit Jennys Profil.

Alina las: – *Halloooooooo, Süüüüüße!!!! Wie geht's dir???*

Und ein drittes Feld mit Lucis Bild ging auf.

Daneben stand: – *Es geschehen noch Wunder! Endlich bist du bei Facebook!*

Als Erstes erklärte Kati, wie das mit dem Gruppen-Chat ging. Und dann konnten die vier Freundinnen miteinander reden. Alina erfuhr, dass Kati mit Justin zusammen war. Katis Pinnwand zeigte jede Menge Fotos von den beiden. Und auch Jenny hatte Neuigkeiten: Sie war beim Open-Air-Kino drei Stunden mit Burak zusammen gewesen. Luci kommentierte das im Chat nur mit *(…!?)*. Die vier Mädchen schrieben sich eine knappe Stunde lang. Es war fast wie immer, wenn man mal davon absah, dass Alinas Freundinnen 500 Kilometer weit entfernt waren. Irgendwann schrieb Kati: – *Ich muss jetzt los. Justin wartet.*
Damit verschwand Kati aus dem Chat. Nach einer Weile verabschiedete sich auch Jenny, weil sie zum Volleyball musste. Luci blieb als Einzige übrig und schrieb: – *Kati ist voll abhängig von Justin …*
Es war deutlich, dass es Luci nicht gefiel, dass Kati so viel Zeit mit Justin verbrachte.

Sie schrieb weiter: – *Immer wenn Kati*
einen Typen hat, sind wir für sie Luft.
– Wissen wir doch, oder?
– Ja, stimmt. Und du bist auch so weit weg,
trotz Facebook. Alles ist jetzt anders …
Alina hatte plötzlich das Gefühl, dass sie
ihre Freundin trösten musste. Das war alle-
mal besser, als immer selbst traurig zu sein.
Also schrieb sie: – *Es kommen wieder*
bessere Zeiten.
– Meinst du?
– Na klar. Wirst schon sehen.
Danach war Pause. Alina las die letzten
Sätze noch einmal und wurde nachdenklich.
Glaubte sie denn selbst daran?
Luci schrieb schließlich: – *Ich muss los.*
Meine Mutter will mit mir einkaufen.
Damit verschwand auch Luci.

3

Alina war noch immer ganz aufgeregt, als sie bemerkte, dass es bereits 18 Uhr war und sie Hunger hatte. Wo waren eigentlich ihre Eltern? Sie erinnerte sich an den Zettel und dass sie sich eine Pizza warm machen sollte. Schnell lief sie in die Küche, holte zwei Tiefkühlpizzen aus der Verpackung und schob sie in den Ofen.

In 20 Minuten würden sie fertig sein.

„Pizza ist im Ofen", rief sie im Vorbeigehen in Bens Zimmer.

Dann setzte sich Alina wieder vor den Bildschirm. Auf ihrer Startseite wurden Profile von Leuten aus ihrer alten Schule angezeigt.

„Da seid ihr ja alle …", sagte Alina und grinste breit.

Schnell hatte sie ihre alte Klasse gefunden und 22 Anfragen verschickt.

Dann ging sie auf *Profil bearbeiten* und fing an, ihre Lieblingsmusiker hochzuladen.

Ping.

Schon hatte der Erste ihre Anfrage bestätigt.

Es war Ken Meier.

Ping.

Die Nächste: Jessica Steinfeld.

„Wow!", sagte Alina und lachte. Ihre Laune wurde immer besser. So langsam verstand sie, was die Leute an Facebook gut fanden – auch wenn es ihr noch immer etwas unheimlich war.

Ping.

Aaron Heek.

Dann öffnete sich der Chat und Jessica schrieb: – *Super, dass du jetzt auch bei Facebook bist! Wie geht's dir?*

Alina wollte gerade antworten, da kam auch schon die nächste Freundin hinzu: Carla Ammers.

Alina wollte Jessica antworten, als Aaron im Chat schrieb: – *Alina und Facebook … Zwei Welten treffen sich. Herzlich willkommen, alte Butterblume!*

Sie tippte schnell an Jessica: – *Mir geht's gut! Ich muss nur erst mal bei Facebook klarkommen.*

Und an Aaron schrieb sie: – *Butterblume grüßt den Computer-Nerd!*

Alina öffnete vier weitere Freundschafts-anfragen: Olli, Halat, Gerrit und Ilham.

Sie sah, dass sie schon elf Freunde hatte.

Es fühlte sich irgendwie gut an.

Und dann machte es wieder Ping und sie sah, dass auch Xeno bestätigt hatte.

Ihr Herz schlug schneller. Xeno hatte sie geaddet! Xeno, der Unerreichbare. Xeno mit seinem süßen Lächeln.

Alina wartete einen kurzen Moment. Wie beim Auspacken eines besonders schönen Geschenks. Dann öffnete sie sein Profil.

Das Bild zeigte Xeno mit seinem Basecap. Er schaute lächelnd in die Kamera.

„Oh, je …", flüsterte Alina und stützte ihren Kopf auf die Hand. Es kam ihr so vor, als blickte sie Xeno direkt an.

In seinem Titelbild sah sie einen Surfer, der mit seinem Brett in der Luft zu stehen schien. Xeno hatte 417 Freunde. Alina wunderte das nicht. Er gefiel auch anderen, vor allem den weiblichen Nutzerinnen.

Dann klickte sie auf seine Fotos. Xeno hatte mehrere Alben erstellt. Als Erstes sah sie sich die Handy-Fotos an. Sie zeigten ihn in der Schule, beim Sport oder in der Stadt. Alina seufzte beim Betrachten der Stadt, in der sie vor Kurzem noch gelebt hatte.

In einem weiteren Album fand sie seine Profilbilder. Es waren mehr als 30 Stück. Auf jedem Bild schaute er mit diesem typischen Xeno-Blick. Alina klickte immer wieder auf *Gefällt mir*. Ein Bild nach dem anderen wurde von ihr geliket.

Sie mochte diese Bilder. Und sie mochte es besonders, dass sie so viele Bilder von Xeno ansehen konnte, ohne dass es jemand merkte. Es war fast, als wäre sie mit ihm allein in ihrem Zimmer.

Als sie gerade ein weiteres Album mit Urlaubsfotos von Xeno ansah, wurde die Tür aufgerissen.

Alina wirbelte herum. Im Zimmer stand Ben, umgeben von Rauch. Er hielt das Backgitter in der Hand, auf dem zwei schwarze Scheiben lagen.

„Die links ist vermutlich Salami", sagte er lachend.

Alina schlug sich die Hand vor den Mund. „Die hab ich völlig vergessen", stammelte sie. „Sind Mama und Papa schon zurück?"

„Nee, zum Glück nicht", sagte Ben. „Ich schlag mal vor, du bringst die Dinger in den Müll und ich lüfte in der Zeit die Wohnung."

Alina stopfte die schwarzen Stücke in den Müll und brachte den Beutel zum Container.

Als sie wieder zurück war, sah sie Ben in ihrem Zimmer vor dem Laptop stehen.

„Willkommen im Club", sagte er. „Ich schick dir gleich mal 'ne Anfrage."

Ben ging zurück in sein Zimmer und wenig später blinkte seine Freundschaftsanfrage auf ihrem Rechner. Für einen kurzen Moment überlegte Alina, ob sie Ben überhaupt bestätigen wollte. Musste er denn alles mitbekommen, was sie bei Facebook tat?

Alina entschied sich dennoch, seine Anfrage zu bestätigen. Falls er sie nerven würde, konnte sie ihn noch immer aus ihrer Freundesliste streichen.

Bens Titelbild zeigte – was sonst? – einen Fußballplatz. Er hatte 207 Freunde.

„Voll wenig", sagte Alina.

Doch beim Betrachten ihrer eigenen Freundesliste wurde sie erst mal wieder still.

Ben schrieb eine Nachricht.

– *Du solltest dein Profil mal bearbeiten!*
Vor allem brauchst du ein Titelbild.

Alina antwortete: – *Ich freue mich auch,*
dass es dich gibt, Bruderherz.

Ben schickte ihr mehrere Smileys und schrieb: — *Und was essen wir jetzt?*

„Wie lange sitzt ihr jetzt eigentlich schon vor euren Kisten?" Im Flur standen die Eltern.

„Wie spät ist es denn?", fragte Alina.

„Kurz nach neun", sagte der Vater und legte die Tüten und Farbeimer in den Flur.

„Und wie lange sitzt ihr jetzt vorm Laptop?", wiederholte die Mutter ihre Frage.

„Noch nicht lange", log Ben. „Höchstens zwei Minuten. Bis eben haben wir Mensch-ärgere-dich-nicht gespielt. Und geputzt."

„Und den Müll rausgebracht", sagte Alina, was sogar stimmte.

„Außerdem haben wir Hausaufgaben gemacht und Vokabeln gelernt", setzte Ben seine Lüge fort.

Doch bevor er noch mehr Unsinn auftischte, begann Alina, zu lachen. Normalerweise hätten ihre Eltern auch gelacht. Aber das war seit dem Umzug wohl nicht mehr möglich.

Mit ernster Miene sagte der Vater: „Es kann doch nicht sein, dass ihr ständig im Internet seid. Ihr vergesst noch das echte Leben!"

„Außerdem brauchen wir eure Hilfe, Kinder",
sagte die Mutter. „Im Auto ist jede Menge
Zeug, das in die Wohnung muss."
„O. k.", sagte Alina und zog ihre Schuhe an.
Auch Ben kam mit. Im Rausgehen sagte er
leise: „Facebook ist ein Zeitfresser. Das
wirst du ganz schnell merken."
Alina nickte stumm. Das hatte sie längst
begriffen. Seit ihrer Anmeldung vor vier
Stunden war die Zeit verflogen wie nichts.

Am Abend, als ihre Eltern längst schliefen,
schaute sie noch einmal ihr Profil an.
21 Freunde waren es nach ihrem ersten Tag
bei Facebook. Und eine volle Pinnwand. Ihre
anfänglichen Bedenken waren verschwunden. Auch wenn es Alina schon wunderte,
dass viele Leute jede Menge Mist schrieben.
– *Bin mal gerade aufgestanden.*
– *Gehe jetzt zu McDonald's …*
– *Gute Nacht an alle!*
Und einen Chat mit ihren Freundinnen
hatte sie auch nicht mehr gehabt. Kati war
den ganzen Abend mit Justin unterwegs
gewesen. Jenny hing mit den Leuten vom

Volleyball rum. Und Luci hatte mit ihrer
Mutter Fernsehen geguckt.
Ping.
Eine Nachricht kam an.
Alina klickte auf das Symbol.
Ihr Herz machte an diesem Tag einen
zweiten Sprung. Es war eine Nachricht von
Xeno: – *Cool, dass du nicht ganz weg bist!*
Ich hoffe, wir bleiben in Kontakt. X.
Das war mehr, als Alina erwartet hatte.
Mehr, als sie zu hoffen gewagt hatte.
Xeno hatte geschrieben!
Das war der Hammer!
Sie wollte gerade antworten, als sie ihre
innere Stimme hörte: Cool bleiben! Wie
hätte das ausgesehen, wenn sie Xeno sofort
antwortete? Nein, sie wollte lieber etwas
warten, auch wenn sie sich kaum beherr-
schen konnte. Bisher war Xeno für sie
unerreichbar gewesen. Da kam es auf einen
Tag mehr oder weniger auch nicht mehr an.
Alina verließ Facebook und lächelte.
„Gute Nacht …", sagte sie leise.
Heute war endlich ein guter Tag gewesen.
Der erste, seit sie hier wohnte.

4

„**U**nd bist du nun bei Facebook?", begrüßte Carina Alina in der Klasse.

„Nee …", sagte Alina und kramte in ihrer Tasche. Sie hasste Lügen. Aber diesmal musste es sein. Alina wollte nicht die neue Freundin von Carina werden. Und gleichzeitig tat ihr Carina deswegen leid.

„Ich hab aber dein Profil gefunden", sagte Carina und sah Alina direkt an.

Es verschlug Alina die Sprache. Sie merkte, dass sie rot im Gesicht wurde.

Herr Baumann betrat die Klasse und setzte sich ans Pult. Nach der Stunde drehte sie sich zu Carina und sagte: „Tut mir echt leid, dass ich gelogen habe."

Carina sah sie kurz an. „Kein Problem …", erwiderte sie kurz und drehte sich weg.

„Na prima", seufzte Alina. Jetzt fühlte sie sich richtig mies.

Nach Schulschluss gingen Victoria und Soumaya vor Alina über den Schulhof. Alina holte die beiden ein. Sie hatte sich vorgenommen, endlich jemanden kennenzulernen.

„Hallo", sagte sie, als sie neben ihnen war.

Die beiden Mädchen sahen sie misstrauisch von der Seite an.

„Hi", antworteten sie.

Alina überlegte kurz. Dann fragte sie:

„Habt ihr Mathe verstanden?"

Victoria schüttelte den Kopf. Und Soumaya sagte: „Nein, du?"

Alina sagte: „Geht so. Eigentlich müsste ich das längst können. Wir hatten das schon an meiner alten Schule."

„Wo war die?", fragte Victoria.

„In Köln", antwortete Alina.

Sie sprachen noch eine Weile über Mathe und warum sie so kurz vor den Ferien überhaupt noch richtigen Unterricht machten.

Bald musste Alina abbiegen.

‚Jetzt kommt's drauf an', dachte sie. Denn so wie sie Carina behandelt hatte, wollte sie von den beiden nicht abgefertigt werden.

Sie fasste Mut und fragte: „Seid ihr bei Facebook?"

Soumaya sah Alina kurz an und schwieg.

Und auch Victoria sagte nichts.

‚Na toll' dachte Alina. Am liebsten wäre sie weggerannt.

Doch da sagte Soumaya: „Ich darf nicht. Meine Eltern sind ziemlich streng."

Dann sagte Victoria: „Ich bin aber bei Facebook. Unter Vici Theissen."

Alina seufzte erleichtert. Sie war nicht abgeblitzt.

„Du kannst mich adden", sagte Victoria.

Alina nickte und merkte sich den Namen.

Zu Hause schickte Alina Victoria sofort eine Anfrage.

In dem Moment sah sie eine neue Nachricht.

Ben schrieb: – *Bist du in Xeno verknallt?*

Die Nachricht traf sie wie ein Schlag.

Wie kam Ben darauf? Was hatte sie getan, dass er so was denken konnte?

Alina sprang hoch und lief in sein Zimmer.

Ben war nicht da. Sie ging zurück und sah, dass er ihr die Nachricht morgens um zehn über sein Handy geschickt hatte. Jetzt war es fast drei.

Alina wurde es heiß und kalt zugleich. Seit der fünften Klasse hatte sie ihre Gefühle für

Xeno erfolgreich verborgen. Und jetzt war irgendetwas passiert, das sie verraten hatte.
„Ob man sehen kann, dass ich auf seiner Seite war?", fragte sich Alina. Sie erschrak vor ihrer eigenen Stimme. Es war so still #hier. Aber noch erschreckender war, dass sie etwas getan hatte, ohne dass sie die #Folgen verstehen konnte.
Alina stand auf und verließ ihr Zimmer.

„Ich hab Milchreis mit Erdbeeren gemacht", sagte Alinas Mutter und lächelte.
„Hab keinen Hunger …", sagte Alina.
Ihre Mutter sah sie an.
„Was ist denn los?", fragte sie.
„Nichts ist los", sagte Alina.
Aber das stimmte nicht. Auch wenn sie das in dem Moment nicht zugeben wollte. Schon gar nicht vor ihrer Mutter.
Ihr ging Bens Nachricht durch den Kopf.
Was wusste er, das sie nicht wusste?
In dem Moment ging die Wohnungstür auf.
Alina sprang auf und lief in den Flur.
„Komm mal mit", sagte sie zu Ben und zog ihn in ihr Zimmer.

„Jetzt lass mich doch erst mal reinkommen",
protestierte er lachend.

Alina knallte die Tür zu.

„Woher weißt du das?"

Ben grinste breit.

„Dass du verknallt bist?"

Alina verdrehte die Augen.

„Wie kommst du auf so eine Idee?"

Ben ließ sich auf ihr Sofa fallen und rieb sich
mit Daumen und Zeigefinger das Kinn.

„Los, sag schon", rief sie.

Ben sah ihr ins Gesicht.

„Schon mal was von Liken gehört?"

„Wie meinst du das?"

Ben hielt den Daumen hoch. Er sagte:
„Der berühmte Gefällt-mir-Button. Damit
gibst du ein Like für ein Foto. Und noch
ein Like. Und noch eins. Und immer mehr."

Alina durchfuhr es wie ein Blitz. Das war
es also. Er hatte die ganzen Likes gesehen,
die sie Xenos Fotos gegeben hatte.

„Mal ehrlich, Schwesterchen. Findest du
es nicht ein wenig übertrieben, mehr als
30 Fotos zu liken? Dazu von einem Typen,
der aussieht wie ein Surfer?"

Alinas Mund war jetzt ganz trocken.

Sie krächzte: „Kann man das sehen?"

Ben nickte. „Kann man."

„Die anderen auch?", fragte sie weiter.

Ben nickte weiter. „Alle deine Freunde."

Und dazu gehörte auch Xeno.

„Du klickst am besten *Gefällt mir nicht mehr*.

Dann verschwindet der Eintrag bei den

geliketen Fotos", erklärte Ben.

„Und was, wenn er meine Likes schon

gesehen hat?", fragte Alina.

„Dann hast du Pech gehabt", sagte Ben.

„Oder Glück …"

„Wieso Glück?", fragte Alina.

„Vielleicht gefällt Xeno die Aufmerksamkeit."

Paff. Alinas Fuß knallte vor Bens Bein.

„Jetzt sag schon. Was sieht er, wenn ich

die Likes wegmache?" Alina war noch

immer aufgebracht.

„Nichts."

„Und die anderen?", fragte Alina. „Ist das

bei denen auch so?"

„Ja!", antwortete Ben.

Es dauerte nicht lange, dann hatte Alina

alle Likes entfernt. Was blieb, war ihre Sorge,

ob Xeno alles gesehen hatte.

Mittlerweile war es vier Uhr. An den grünen

Punkten neben den Profilen sah Alina, dass einige on waren. Auch Xeno. Doch bisher hatte niemand etwas zu ihren Likes geschrieben. Und das war fast das Schlimmste. Denn Alina war klar, dass es jemand gesehen haben musste. Nur wer wusste sie nicht. Sie kam sich vor wie auf einer Bühne, angestrahlt von gleißend hellen Scheinwerfern. Und im finsteren Publikum saßen unsichtbar Menschen, die einen anstarrten.

„Das passiert am Anfang eben", sagte Ben, der im Vorbeigehen kurz in ihr Zimmer sah. Alina zuckte mit den Schultern. Das tröstete sie nur wenig.

Wegen der Sache mit den Likes traute sich Alina nicht mehr, Xeno zu schreiben. Eigentlich hatte sie bereits überlegt, was in einer Nachricht stehen sollte. Aber jetzt war ihr ganzer Mut weg.

Stattdessen nahm sie sich vor, endlich ihr Profil zu bearbeiten. Und dazu gehörte es, ein paar Fotos von sich zu posten. In der Foto-AG an ihrer alten Schule waren einige gute Porträtfotos von ihr gemacht worden. Vor allem mochte sie ihren geschwungenen Mund und die langen, dunklen Haare. Trotzdem hatte sie die meisten Bilder wegen ihrer Sommersprossen bearbeitet.

Alina postete das erste Bild.

Und Jenny kommentierte dies wenig später:
– *Geiöl!!!*

In der nächsten Stunde folgten weitere Kommentare.

Ken Meier: – *Du schönes Mädchen!*

Milena Li: – *Du siehst wirklich richtig gut aus!*

Und dann kam ein Kommentar, der sie besonders freute.

Xeno: – *Sehr schönes Bild!*

Alina freute sich so, dass sie auf Xenos Kommentar fast geantwortet hätte. Doch sie ließ es sein. Bloß keinen weiteren Fehler machen! Aber vielleicht war die Sache mit ihren vielen Likes noch mal gut gegangen. Stattdessen fügte sie ihrem Album ein paar weitere Fotos zu. Und wenig später kamen schon die nächsten Kommentare. Alina fühlte sich schlagartig besser.

„Du sitzt viel zu lange vor dem Laptop."

„Mama!", sagte Alina. „Kannst du mal anklopfen, bevor du reinkommst?"

„Das habe ich", sagte Alinas Mutter. „Und ich stehe auch schon seit fast fünf Minuten hinter dir. Aber du bist ja völlig weg."

„Und was ist?", fragte Alina.

„Wir können essen", kam die Antwort. Und am Klang der Stimme wurde Alina klar, dass ihre Mutter genervt war.

„Ist Ben schon da?", fragte sie.

„Nein", sagte ihre Mutter. „Und dein Vater muss heute auch länger arbeiten."

Das war es also.

„Alina?"

Eine Hand legte sich auf Alinas Arm. Auch wenn es eine nette Geste war, spürte Alina sofort Zorn in sich aufkommen.

„Wa-has?", fragte sie. Denn sie ahnte schon, was jetzt kommen würde.

„Ich finde es schade, dass du mir nicht gesagt hast, dass du jetzt bei Facebook bist."

Alina zuckte mit den Schultern.

„Na und …?"

Zum Glück verschonte ihre Mutter sie mit einem lästigen Gespräch über das Thema Facebook. Vielleicht hatte ja auch Ben ihre Sorgen beruhigt. Oder sie hatte einfach begriffen, dass Alina kein kleines Kind mehr war.

„Ben fährt mit seinem Verein für eine Woche ins Trainingslager", sagte ihre Mutter.

Alina hob den Kopf und sah den traurigen Ausdruck in ihrem Gesicht.

„Und?", fragte sie.

Ihre Mutter holte tief Luft.

„Und ich frage mich, was du die ganzen Ferien machen willst."

Mit einem Schlag war Alina der Appetit vergangen.

„Keine Ahnung", sagte sie und legte die Gabel auf den Teller. Die Frage hatte ihr mal wieder gezeigt, wie einsam sie hier war.

„Dein Vater und ich haben uns gefragt, ob du nicht mit einer Jugendgruppe verreisen willst. Es gibt da ganz nette Angebote, die was für dich sein könnten. Was hältst du davon?"

„Weiß nicht …"

Alina fühlte sich auf einmal so leer. Sie stellte sich vor, wie der Sommer vor einem Jahr gewesen war. Erst die zwei Wochen in Spanien, wo sie ihren Geburtstag am Strand gefeiert hatte. Und dann zu Hause die wunderbare Geburtstagsparty in der Hafenbar. Die übrigen Tage hatte sie im Kino, im Schwimmbad oder am Rhein verbracht. Damals war sie einfach nur glücklich gewesen.

Und jetzt?

Am liebsten wäre sie in den Ferien nach Hause gefahren. Also dahin, wo sie mal zu Hause gewesen war …

„Alina", fing ihre Mutter wieder an. „Ich weiß, dass du am liebsten woanders wärst. Aber das ist ein Fehler."

„Und warum?"

Alina nervte, dass ihre Mutter mal wieder wusste, was das Beste für sie war.

„Weil du jetzt hier lebst. Es gibt kein Zurück. So hart es für dich ist, aber du musst dich daran gewöhnen. Wenn du das vergisst, dann …"

Alina sprang auf und lief in ihr Zimmer. Sie konnte es nicht mehr hören.

Niemand hatte sie gefragt, ob sie in diese beschissene Stadt ziehen wollte.

Dann sollte ihr auch niemand mehr sagen,
wie sie hier zu leben hatte.

Alina wischte sich die Tränen aus den Augen
und sah sich die neuen Kommentare an.
In der letzten halben Stunde waren nur zwei
hinzugekommen.
„Mehr nicht?"
Alina war enttäuscht.
Dafür war ihre Freundesliste um weitere fünf
Leute angewachsen. Ein paar Mädchen aus
der alten Parallelklasse hatten sie angefragt.
Jetzt hatte sie 27 Freundinnen und Freunde.
Dann klickte sie noch einmal auf ihr Foto-
album. Es enthielt 17 Fotos. Alina suchte
auf ihrer Festplatte nach Fotos, auf denen
sie zu Hause und in der Stadt zu sehen war.
Schnell hatte sie ein Album mit dem Titel
Home Stuff angelegt.
„Und jetzt liken …", sagte sie.
Aber diesmal passiert nicht viel. Die meisten
grünen Punkte waren weg. Sie sah, dass
nur Ken und Jessica online waren. Ein paar
Handy-Symbole waren auch zu sehen.
„Dann muss ich eben etwas nachhelfen."

Sie klickte auf das Profil von Kati. Deren Freundesliste war auf 244 Freunde angewachsen. Alina kannte die meisten. Ihre Maus lief schnell auf die einzelnen *FreundIn-hinzufügen*-Symbole und klickte sie an.

Alina öffnete auch Jennys Profil und tat dort das Gleiche. Jenny hatte zum großen Teil dieselben Freunde, aber auch eine Menge anderer. Vermutlich kamen die aus Jennys Volleyballverein.

Bei Luci fand Alina viele Leute aus den unteren Klassen. Sie überlegte einen Moment, doch dann klickte sie auch die an.

Nach zehn Minuten war sie fertig. Sie hatte vermutlich über 200 Leute angefragt.

*N*och 48 Stunden, dann beginnen die größten Scheiß-Ferien meines Lebens, dachte Alina beim Aufwachen. Dass sie am Anfang der Ferien ihren 15. Geburtstag hatte, versuchte sie, einfach zu vergessen. Denn mit wem konnte sie schon groß feiern?

„Aufstehen", rief ihr Vater. „Du kannst mit mir fahren."

Alina wusste, dass das ein Lockmittel war, um sie aus dem Bett zu scheuchen.

Wenig später saß sie am Frühstückstisch. Und weil ihr Vater eine zweite Tasse Kaffee trank, lief sie schnell in ihr Zimmer und startete den Laptop. Als sie ihre Facebook-Seite öffnete, entfuhr ihr ein Schrei.

Sie hatte 88 Freunde!

„Und wen kennst du von denen wirklich?", fragte Carina.

Alina hatte sich eigentlich vorgenommen, nett zu Carina zu sein. Aber diese Frage war ziemlich daneben.

„Alle", sagte Alina.

„Ich meine wirklich", sagte Carina und schaute auf ihr Smartphone. Sie hatte Alinas Facebook-Profil geöffnet.

„Ich sag's doch, alle!" Alina konnte nicht verbergen, dass Carina sie nervte. Vor allem ärgerte es sie, dass Carina in ihrer Freundesliste herumstöberte. Zur Sicherheit fügte sie hinzu: „Die sind aus meiner alten Schule."

Carina nickte in ihrer typischen Art. Sie erinnerte Alina dabei an eine Schildkröte. Dann sagte Carina: „Aber das sind doch keine echten Freunde."

„Und warum nicht?", fragte Alina.

Zum Glück kam in diesem Moment Frau Fuchs in die Klasse und Carina steckte ihr Smartphone weg.

Alina beugte sich zu Carina und fragte: „Und wie viele Freunde hast du im echten Leben?"

Alina wusste, dass das Carina treffen würde. Und das wollte sie in dem Moment auch so.

„Ich streich die irgendwann von meiner Freundesliste", sagte Vici.

Alina saß in der Pause bei ihr und Soumaya.

„Und warum?", fragte Alina.

„Einfach so", sagte Vici. „Aber vorher bekommt die noch ein paar nette Kommentare von mir."

Alina war unwohl bei dem Gespräch. Auch wenn Carina sie nervte, mochte sie es nicht, mit welcher Verachtung Vici und Soumaya über sie sprachen. Aber zugleich wollte sie keine Diskussion mit den beiden anfangen. Denn das hätte ihre Bekanntschaft mit den zwei Mädchen gefährdet.

„Wieso sitzt du eigentlich neben der?", fragte Soumaya.

„Weil mich Frau Fuchs da hingesetzt hat", sagte Alina.

Vici und Soumaya sahen sich an. Und Alina wusste, dass sie bei den beiden Mädchen aufpassen musste.

Bis zum Ende der Woche hatte Alina 113 Freunde. Bis auf Vici kamen alle aus ihrer alten Schule.

Es war ein schönes Gefühl, dass es jeden Tag mehr wurden.

„Wenn ich so weitermache, habe ich Ben bald überholt", sagte sie, als die 114. Bestätigung kam. Es war ein Mädchen, das sie nur vom Sehen kannte. Alina wunderte sich über ihre Pinnwand. Denn das Mädchen schien bei Facebook nur zu spielen.

In dem Moment bemerkte sie, dass Xeno on war.

Was sollte sie bloß schreiben? Eigentlich verband sie nichts mit Xeno. Bis auf die Tatsache, dass sie ihn drei Jahre lang nur angesehen hatte.

Und dann kam ihr ein Gedanke, der sich gut anfühlte, und sie schrieb: – *Danke für deinen Kommentar!*

Sie verschickte die Nachricht.

Sofort kam Xenos Antwort: – *Ist ja auch ein schönes Bild!*

Alinas Herz schlug schneller. Sie schrieb:
– *Geht so …*
– *Wo sind deine Sommersprossen?*
– *Hat Photoshop gefressen.*
– *Schade …*

Alina blieb ganz ruhig sitzen. Was passierte hier gerade? Sie schrieb mit Xeno. Und Xeno mochte ihre Sommersprossen …?

Sie antwortete mit drei Smileys. Mehr fiel
ihr nicht mehr ein.
Wenig später verschwand der grüne Punkt
neben Xenos Namen.

„Das ist wirklich schade, dass du so weit
weg bist", sagte Kati. Dann verabschiedeten
sie sich.
Alina legte das Handy auf ihr Bett und ließ
sich nach hinten fallen. Sie hatte nur kurz
mit Kati telefoniert. Aber die hatte nicht mehr
Zeit, weil sie mit Justin zum Billard verabredet war. Jenny und Luci waren auch dabei.
Alina starrte unter die Decke.
Ben war mit den Jungs aus seinem Verein
unterwegs. Und ihre Eltern machten heute
Abend frei und waren Pizza essen. Eigentlich
hatten sie Alina mitnehmen wollen.
Da sie aber mit Kati telefonieren wollte, hatte
sie nur gesagt: „Bringt mir eine Pizza mit."
Und jetzt lag sie hier. Es war Freitagabend.
Draußen saßen die Menschen in Biergärten
und Cafés. Später würden sie tanzen oder
ins Kino gehen. Und alles ohne sie.
Alina ging ins Wohnzimmer und machte

den Fernseher an. Doch nach kurzer Zeit schaltete sie ihn wieder aus. Dann nahm sie ihren neuen Vampir-Roman und begann, zu lesen. Doch auch der langweilte sie.

Was konnte sie tun?

Facebook. Mehr fiel ihr nicht ein.

Aber was wollte sie da?

Chatten.

Und mit wem?

Egal. Hauptsache nicht allein sein.

Es waren einige Freunde online. Aber irgendwie hatte sie keine Lust, mit jemandem zu chatten.

Alina überlegte kurz.

Dann nahm sie ihre Kamera und stellte sie ins Regal. Der Selbstauslöser gab ihr zehn Sekunden Zeit. Sie stellte sich vors Bett und wartete, bis das Foto gemacht war.

„Das sieht ja furchtbar aus", sagte sie beim Betrachten des Displays.

Sie ging ins Bad und wuschelte die Haare vorm Spiegel zurecht. Als sie den Lippenstift ihrer Mutter sah, schminkte sie auch ihre Lippen. Das nächste Bild.

„Geht doch", sagte sie.

Sofort machte sie ein zweites. Diesmal
zog sie ihr T-Shirt etwas nach unten.

Auf dem Rechner sah Alina die beiden Fotos
vergrößert.

Alina ersetzte ihr Profilbild durch das zweite
Foto mit dem herabgezogenen T-Shirt.

„Und jetzt noch ein anderes Titelbild …"

Alina durchstöberte die Fotos ihrer AG.
Damals hatten sie auch einige Landschafts-
fotos gemacht. Sie fand ein Spinnennetz,
an dem einige Tautropfen hingen.

„Das sieht gut aus!", sagte sie und lehnte
sich zurück. „Und jetzt fängt die Spinne
ein paar Fliegen!"

Alina lachte. Sie war seltsam aufgeregt.

„Komm doch ins Wohnzimmer", sagte Alinas
Vater. „Du kannst die Pizza mit uns vor dem
Fernseher essen."

Aber Alina wollte zurück in ihr Zimmer. Sie
hatte gerade einen Luk Tennhoff geaddet.
Er hatte ihr neues Profilbild mit den Worten
Dein Bild gefällt mir!!! kommentiert. Und jetzt
wollte sie sein Profil ansehen.

„Hab zu tun", sagte Alina und schloss die Tür.

Sie sah, dass Luk hauptsächlich an Fußball interessiert war. Dann sah sie, dass er ein gemeinsamer Freund von Jenny war. Ihm war Alinas neues Bild aufgefallen. Sie konnte es kaum glauben.

Wegen dem Bild, dass sie vor knapp 30 Minuten gemacht hatte.

Sie antwortete im Kommentarfeld: – *Danke!*

Alina fand in seiner Freundesliste einige Jungs, die ihr gefielen. Ohne lange nach-zudenken, klickte sie diese an.

Schon nach fünf Minuten bekam sie drei Bestätigungen.

Sie hatte jetzt 118 Freunde. Und sieben Kom-mentare. Auch Ben hatte geschrieben: – *Schwesterchen, was ist da los? Du siehst klasse aus!*

Jessica schrieb: – *Du bist voll süß!*

Acht Kommentare. Und 27 *Gefällt mir.*

Alina spürte so etwas wie Stolz und Freude. Es tat richtig gut, geliket zu werden.

Als sie das erste Mal in ihre Pizza biss, war diese kalt.

„Wie spät ist es denn …", fragte sie sich.

Es war eine Stunde später. Und es war
ihr wie fünf Minuten vorgekommen.

„Komm mit, ich gehe in die Stadt", sagte Ben.
Es war Samstagmittag, kurz vor zwei.
„Wo willst du denn hin?", fragte sie.
„Shoppen", antwortete Ben.
Eigentlich wollte Alina in Ruhe die Profile der
Jungs ansehen. Aber das konnte sie später
auch noch tun.
Bald liefen sie durch die Straßen des kleinen
Ortes. Ben traf sofort Bekannte aus seinem
Verein und seiner Klasse.
Alina lief wie eine Fremde durch die Straßen.
Ben kaufte schließlich eine Sporthose. Und
Alina fand ein Top und eine Jeans.
„Und was machst du heute Abend?",
fragte er, als sie zurückgingen.
„Weiß nicht …", sagte sie. „Und du?"
„Wir sind bei Kai."
„Wer ist ‚wir'?", fragte Alina.
„Ein paar aus meinem neuen Verein",
antwortete Ben.
Es war erstaunlich, wie schnell Ben hier im
Gegensatz zu ihr Anschluss fand. Es machte

Alina etwas traurig. Aber dann dachte sie, dass sie schon 131 Freunde gefunden hatte. Das war schließlich auch was.

Zu Hause zog sie vor dem Spiegel ihre neuen Sachen an. Sie passten perfekt. Am liebsten wäre sie damit rausgegangen. Zum Beispiel in die Bar neben ihrem Lieblingskino in Köln. Dort waren ihre Freundinnen heute bestimmt auch. Und schon wieder spürte sie den Frust, dass sie 500 Kilometer weit weg waren. So langsam nervte es sie. Vor allem, dass ihr dabei immer so schlecht wurde.
Stattdessen machte Alina zwei Fotos von sich in den neuen Sachen und postete sie. Dabei sah sie, dass sieben neue Freunde dazugekommen waren – alles Jungs.
„138 …", sagte Alina. „Und mein Profilbild ist 34-mal geliket worden!"
Schnell vergaß sie ihren Frust. Vor allem, weil auch Xeno einen Kommentar geschrieben hatte.
– *Sehr schönes Bild!*
Alina lachte kurz.

„Nicht sehr originell", sagte sie. Denn Xeno hatte das Gleiche schließlich schon in seinem ersten Kommentar geschrieben.

Da war Tom Lo, ein Freund von Luci, schon spannender. Er schrieb: – *Haare! Augen!! MUND!!!*

Alina wollte etwas darauf antworten.

Aber was? Sie kannte diesen Tom ja gar nicht.

Sie sah sich sein Profil an. Er mochte Filme. Und er war einer der wenigen, der kein Fußballbild gepostet hatte.

Plötzlich tippten ihre Finger wie von selbst.

Alina sah drei Kuss-Smileys im Kommentarfeld. Ihr Herz schlug schneller.

Was hatte sie getan?

Und was würde jetzt passieren?

Tom Lo antwortete: – *So gut sahst du noch nie aus! Wo wohnst du?*

Alina wunderte sich. Woher kannte er sie?

– *Hamburg.*

Es dauerte eine Weile. Dann kam der nächste Satz: – *Schade …*

Alina überlegte noch immer, wer Tom war.

– *Woher kennen wir uns?* fragte sie daher.

Tom schrieb: – *Ich kenn dich gar nicht …*

Alina war verunsichert. Er war zwar ein Freund von Luci. Aber das musste ja nichts heißen. Vermutlich war er ein Typ, der jedes Mädchen anschrieb.

Und dann verschwand der grüne Punkt neben seinem Profilbild.

Alina wusste zwar nicht, was mit diesem Tom war. Aber eins schien sicher: Er hatte sich für sie interessiert.

– *Wer ist Tom Lo?* schrieb Alina eine Whats-App an Luci.

Sofort kam die Antwort:

– *Kenne ich nicht …*

– *Aber der ist auf deiner Freundesliste!*

– *Kenne ich trotzdem nicht!!!*

Alina warf ihr Handy auf den Schreibtisch. Sie suchte nach der Option zum Löschen eines Freundes. Wenig später war Tom Lo aus ihrer Freundesliste verschwunden.

Sie hatte keine Lust auf so einen Pfosten.

Bis zum Ende der Woche hatte Alina
schon 190 Freunde.
„Was machst du in den Ferien?",
fragte Carina am Freitagmorgen.
Alina hatte mit der Frage gerechnet. Denn
das Gleiche fragte sie sich auch. Aber eines
wusste sie ganz sicher: Sie würde sich auf
keinen Fall mit Carina verabreden!
„Dies und das …", sagte Alina.
„Fährst du weg?", hakte Carina nach.
Alina zuckte mit den Schultern. Sie
wollte nicht schon wieder lügen.
„Vielleicht können wir uns mal treffen."
Den Satz wollte Alina nicht hören. Sie
starrte einfach nach vorne und schwieg.
„Dann nicht …", sagte Carina und zog den
Kopf ein. Da war sie wieder, die Schildkröte.
Fast tat sie Alina leid.
Doch dann kam ein Spruch, der Alinas
Mitleid sofort vergehen ließ.
Carina sagte: „Und kennst du noch immer
deine 190 Freunde?"
Alina wirbelte herum.

Sie rief: „Sag mal, stalkst du mich, oder was?"

Sie war wirklich sauer.

Zum Glück kam in dem Moment Frau Fuchs.

In der Pause standen Vici und Soumaya am Schultor. Alina fiel auf, dass die beiden immer zu zweit waren, während die anderen ihrer Klasse immer woanders standen.

„Was wollte denn Carina von dir?", fragte Soumaya mit ihrem seltsamen Lächeln.

Alina zuckte mit den Schultern.

„Nichts weiter", sagte sie.

„Aber die hat doch was gesagt", kam es von Vici.

„Und du hast sie angeschrien", sagte Soumaya.

„Sie wollte sich mit mir in den Ferien verabreden", sagte sie. Alina wollte von den beiden keinen hämischen Kommentar hören. Deshalb fügte sie hinzu: „Ich bin aber weg." Das war ihr so rausgerutscht.

„Ich auch", sagte Soumaya. „Morgen früh fahren wir nach Marokko. Fünf Wochen lang!"

„Und ich komm mit", sagte Vici.

Alina nickte. Sie hatte wieder ein ungutes Gefühl bei den beiden.

Nach der dritten Stunde verabschiedeten sich alle. Alina hatte ihr Zeugnis schon vor drei Wochen in ihrer alten Schule bekommen.

Während sich ihre Mitschülerinnen und Mitschüler umarmten und zum Abschied küssten oder fürs Eiscafé verabredeten, sagte Alina allen nur „Tschüss". Der Start in der neuen Schule war ihr misslungen. Und wenn sie ehrlich zu sich war, hatte sie nicht einmal versucht, ihre Klasse kennenzulernen. Wenigstens bei Facebook hätte sie die ja anfragen können.

„Was wünschst du dir eigentlich zum Geburtstag?", fragte Ben. Er lag lang ausgestreckt auf der Wohnzimmercouch. Alina ließ sich in den Sessel fallen und streckte die Beine aus.

„Ein Zugticket nach Hause", sagte sie.

„So schlimm?", fragte Ben und sah sie an.

Plötzlich musste Alina weinen. Sie wischte

die hochkommenden Tränen wütend weg.
Aber immer neue folgten. Alina weinte aus
vollem Herzen. Irgendwann spürte sie, wie
Ben den Arm um ihre Schulter legte.
„Hey, Lina, was ist denn los?", fragte er.
„Du bist ja richtig fertig."
Sie legte ihren Kopf an seine Brust.
Sie hing noch mit jeder Faser an ihrer alten
Heimat. Es war wie ein richtig fieser Liebes-
kummer. Und eigentlich war es noch viel
schlimmer. Denn bei einem Liebeskummer
verlor man ja nur einen anderen Menschen.
Doch Alina hatte ihr ganzes Leben verloren.
Alles, was ihr wichtig war, lag hinter ihr.
Aber so konnte es doch nicht weitergehen!
Sie musste sich allmählich mal an ihr neues
Leben gewöhnen!
Alina wischte sich die Tränen ab und stand
auf.
„Ich geh ins Bett", sagte sie.
Ben sah sie traurig an.
„Schlaf gut!"

„Hey, weißt du eigentlich, wie spät es ist?"
Alina schreckte hoch.

„Hab ich verschlafen?", stammelte sie.

„Nein", lachte ihre Mutter. „Du hast Ferien.
Aber es ist schon zwölf Uhr."

Alina erinnerte sich an den Abend im Wohnzimmer mit Ben. Und sie erinnerte sich, dass
sie geweint hatte.

„Magst du noch frühstücken?", fragte ihre
Mutter.

„Ja … Ich komme gleich", sagte Alina.

Ihre Mutter ging nach draußen und Alina
startete den Rechner. Sie wollte nur schnell
sehen, was bei Facebook passiert war.

Als Erstes stellte sie fest, dass sie keine
neuen Freunde dazubekommen hatte.
Darüber war sie enttäuscht. Auch ihre
Fotos waren nur 2-mal geliket worden.

„Das ist ja schlapp …", sagte sie.

Alina sah die Profile ihrer bisherigen
Freunde an. Ab und zu gähnte sie.

„Alina! Ich dachte, du willst frühstücken?
Ich warte seit einer halben Stunde auf dich",
hörte Alina ihre Mutter rufen.

„Ich komme ja", sagte Alina und stand wider-
willig auf.

Ben zwinkerte Alina zu, als sie in die Küche kam.

Ihr Vater notierte gerade einige Sachen, die er im Baumarkt kaufen wollte.

Alina nahm sich ein Brötchen.

„Und was machen wir morgen an deinem Geburtstag?", fragte Ben.

„Du kannst dir was wünschen", sagte ihre Mutter.

„Vielleicht möchtest du einen Ausflug machen?", fragte ihr Vater.

Alina nickte kurz. Aber sie wusste auch nicht, was sie wollte.

„Ach, es gibt übrigens ein Problem wegen deiner Ferien", sagte ihre Mutter und sah Alina traurig an. „Ich habe gestern erfahren, dass alle Jugendgruppen schon ausgebucht sind. Das tut mir echt leid, Kleines."

Alina nickte stumm. Eine weitere Enttäuschung.

„Wir müssen einfach zu Hause was unternehmen", sagte ihr Vater.

Alina hätte fast wieder angefangen, zu weinen.

Doch in dem Moment erinnerte sie sich plötzlich an ihren Vorsatz von gestern.

Sie wollte aufhören, ihrer alten Heimat nach-
zutrauern. Und sie hatte sich vorgenommen,
neu anzufangen.

„Vielleicht machen wir einfach mehr zusammen", sagte ihre Mutter. „Wir könnten ja ab
und zu ans Meer fahren. Das ist gar nicht
weit von hier."

Ben sah Alina an.

„Und ich bin die letzten vier Wochen hier.
Da können wir ja mal was unternehmen."

Alina nickte nur. Aber gleichzeitig wusste
sie, dass Bens Interessen nicht ihre waren.
Nein, sie musste sich schon selbst um einen
neuen Anfang kümmern.

*– Hallo, Süße! Schon Vorfreude auf deinen
Geburtstag? Wäre gern bei dir!*
Alina sah Katis Profilbild. Sie schrieb:
– Wir fahren weg und feiern.
Alina hatte keine Lust, zu schreiben, dass
es ihr immer noch schlecht ging. Und sie
wollte aufhören, zu jammern.
*– Hört sich gut an. Ich denke an dich.
Morgen fahre ich mit Justin und den
Mädels nach Holland.*

Alina spürte einen Stich im Herzen.

Nach Holland … Sie wäre gern dabei.

– *Und ich fahre zwei Wochen nach Italien.*
Krasser Club mit Pool und allem.

Sie starrte auf das Chatfenster.

Sie wollte nicht darüber nachdenken, dass
es nicht korrekt war, Kati anzulügen.

– *Wow!!! Du hast ein Leben … Freue mich*
total für dich!

Alina lächelte.

– *Ansonsten bin ich oft in Hamburg*
unterwegs. Die Stadt ist der Hammer.

Kati schrieb.

– *Hast du schon eine neue Clique?*

Ohne mit der Wimper zu zucken, antwortete
Alina: – *Coole Leute hier. Die Schule ist*
super.

Alina wartete, dass Kati etwas schrieb. Aber
es blieb ruhig. Nach einer halben Ewigkeit
kam endlich ihre Nachricht: – *Schön, dass*
du dich so schnell eingelebt hast. Vergiss
uns nicht.

Alina tippte sofort: – *Ich muss los.*
Heute ist School's-Out-Party.

Dann verließ sie Facebook. Es tat weh, dass
sie Kati belogen hatte. Aber Alina wollte

unbedingt ihr neues Leben anfangen. Obwohl sie nicht wusste, wie das gehen sollte.

Am Abend war Alina allein. Sie sah, dass
Kati online war, und verließ Facebook schnell
wieder. Schließlich hatte sie geschrieben,
sie wäre bei der Party.
Dann hatte sie eine Idee. Im Bad schminkte
sie sich. Nach einigen Minuten sah sie im
Spiegel eine Alina, die ihr selbst fremd war.
Wenig später leuchtete sie ihr Zimmer mit
Kerzen aus. Sie legte sich auf ihr Bett und
machte ein paar Fotos. Auf dem Rechner
bearbeitete sie die Bilder.
Einen Moment lang zögerte sie.
Sie dachte an Xeno. Aber eigentlich dachte
sie auch an all die anderen Typen, denen
ihr Foto gefallen würde. Was hatte dieser
Spinner Tom Lo geschrieben?
– *Haare! Augen!! MUND!!!*
Jetzt könnte er noch – *Beine! Dekolleté!!*
Brüste!!! dazuschreiben.
Alina atmete tief ein.
Und diesmal würde er auch in
ihrer Freundesliste bleiben!

Um Mitternacht war Alina mit allem fertig.
Sie legte ein neues Album an: Photography!
Dann postete sie die Fotos.
„Und jetzt schön liken", sagte sie.
In dem Moment kam eine Nachricht von Ben:
– *Glückwunsch, Schwester! Hab dich lieb!!!*
An der Pinnwand über ihrem Schreibtisch
hingen auch zwei Fotos von ihrem letzten
Geburtstag. Kati, Jenny und Luci hatten
mit ihr gefeiert. Damals war sie glücklich
gewesen.
Alina sprang hoch. Sie riss die Fotos von
der Pinnwand und warf sie in die Schublade.
Dann druckte sie die neuen Bilder aus, die
sie gerade bei Facebook gepostet hatte.
„Jetzt wird alles anders", sagte sie und hef-
tete die Fotos in die Lücke an der Pinnwand.
„Herzlichen Glückwunsch, Alina!", sagte sie
zu den Fotos.
Ihre Worte klangen seltsam laut in dem
leeren Zimmer. Fast wie mit Echo.

„D as ist ja …“
Alina fand keine Worte. In den Händen hielt sie ihr Geburtstagsgeschenk.

„Wir wussten, du würdest dich darüber freuen", sagte ihr Vater.

Ihre Mutter stand daneben und lächelte.

„Ihr seid die Besten", rief sie und fiel ihren Eltern nacheinander um den Hals. In ihren Händen hielt sie ein brandneues iPhone.

„Mit deinem Steinzeit-Handy kannst du jetzt einpacken", sagte Alina und grinste ihren Bruder an.

„Du musst vorsichtig damit sein", sagte ihr Vater.

Ben verdrehte die Augen. „Wir sind doch keine kleinen Kinder mehr. Außerdem bekommt Alina ja auch noch mein Geschenk. Da wird schon nichts passieren."

Ben sah Alina auffordernd an.

„Los, pack schon aus."

Alina nahm sein Geschenk in die Hand und riss das Papier auf. Eine bunte Schutzhülle kam zum Vorschein.

„Ich hoffe, sie gefällt dir", sagte Ben.

„Und wie!", rief Alina.

Sie umarmte Ben.

„Danke", flüsterte sie ihm ins Ohr.

Alina legte die Geschenke auf den Tisch.

„Ich hab vielleicht Durst", sagte Alina. Sie saßen in einer Strandbar in Hamburg. Es war extrem heiß. Die Sonne hatte den Sand schon mächtig aufgeheizt. Weiter unten schwammen Menschen in der Elbe und genossen den Tag. Ein riesiges Containerschiff lag vor Anker.

„Vielleicht haben sie hier Zitronenkuchen", sagte ihr Vater.

Das war Alinas Lieblingsessen. Zitronenkuchen mit Cola.

„Such dir einfach aus, was du willst", sagte ihr Vater. Es war ihm anzusehen, dass es ihn freute, endlich mal wieder mit seiner Familie einen unbeschwerten Tag zu verbringen.

„Was machst du eigentlich die ganze Zeit mit deinem Handy?", fragte Alinas Mutter.

„Ich lese den Wetterbericht", sagte Alina.

„Die Sonne scheint und es sind 31 Grad."

„Da brauche ich kein iPhone, um das zu wissen", lachte ihre Mutter. Sie saß zurückgelehnt im Liegestuhl und hatte die Augen geschlossen.

„Du brauchst sowieso kein iPhone", meinte Ben.

„Aber ihr", sagte der Vater. „Damit ihr euch die ganze Zeit irgendeinen Quatsch schreiben könnt."

„Is klar", sagte Ben. „Wir alle machen das. Und nur eure Gespräche sind wichtig."

„Ihr könnt doch gar nicht mehr normal miteinander sprechen", sagte der Vater.

Alina wechselte einen kurzen Blick mit Ben. Sie fingen an, zu lachen. Ihre Eltern hatten zwar Internet, aber das war's auch schon. Von allem anderen hatten sie keine Ahnung. Es gab manchmal Streit, wenn ihre Eltern trotzdem taten, als wüssten sie Bescheid.

„Alina, geh doch mal auf Facebook", sagte Ben. „Ich will meine Nachrichten lesen. Ich muss dringend wissen, was los ist. Nicht dass mir jemand geschrieben hat und ich kann nicht sofort antworten. Das wäre der Untergang für mich. Wir sind nämlich alle so."

Der Vater tippte sich an die Stirn und sah auf die Elbe.

„Du ärgerst mich heute nicht", sagte er.

„Du nicht!"

Alina sah Ben an. Ob er gemerkt hatte, dass sie gar nicht den Wetterbericht gelesen hatte? Denn Alina war schon seit der Fahrt auf dem Fährschiff bei Facebook. Und das war jetzt über eine Stunde her.

„Kann ich trotzdem mal dein iPhone haben?", fragte Ben.

„Ja, gleich …", sagte Alina.

Ihre Pinnwand war voller Gratulationen zum Geburtstag. Sie freute sich total. Und das Beste war: Für das Foto auf ihrem Bett hatte sie schon 78 Likes und 17 Kommentare bekommen.

„Jetzt gib schon her", drängte Ben.

„Mome-hent!", rief Alina.

Sie las gerade einen Kommentar von Koko.

– *Was ist denn bei dir passiert? Wird man in Hamburg so schön? Herzlichen Glückwunsch!!!*

„Ich glaube, wir haben unsere Tochter an ihr iPhone verloren", sagte Alinas Vater.

„Heute darf sie das", seufzte die Mutter.

„Denn heute ist ein schöner Tag."
Alina hob den Kopf und lächelte. „Stimmt!"

Als Alina wieder zu Hause war, las sie noch einmal alle Gratulationen an ihrer Pinnwand. Es hatten richtig viele Leute geschrieben. Allen, die ihr gratuliert hatten, klickte sie ein *Gefällt mir*, bei manchen schrieb sie auch einen Kommentar.

Dann legte sie ihr iPhone beiseite und fuhr den Laptop runter.

Sofort hüllte sie das Gefühl der Einsamkeit wie ein kalter Nebel ein. Sie dachte an ihre Freundinnen. Alina spürte einen Schmerz, der aus ihrem Inneren nach draußen wollte.

Als sie später im Bett lag, sah sie, dass sie jetzt 234 Freunde hatte. Auch wenn die meisten dieser Freunde eigentlich Fremde waren. Trotzdem verzog sich in dem Moment der kühle Nebel aus ihrem Zimmer.

8

Und dann begannen Alinas Sommer-
ferien. Sechs lange Wochen. Ihre
Mutter arbeitete in ihrem neuen Job im
Krankenhaus und Alina war tagsüber allein.
Ben war ab Mittwoch mit seiner Mannschaft
im Trainingslager, irgendwo in Bayern.
Doch Alina wusste, was sie tun wollte.
Und dafür war es ihr recht, dass niemand
zu Hause war.
Alina öffnete Facebook. Sie hatte jetzt 271
Freunde. Sie durchstöberte deren Profile.
Wer ihr gefiel, den klickte sie an.
„Um zwölf will ich 300 Freunde haben",
sagte Alina.
Jetzt war es kurz nach elf Uhr.
Ihr letztes Album hatte auch schon mehrere
Likes bekommen. Besonders das Foto, das
sie auf dem Bett zeigte, war von Jungs
geliket worden.
„Klar", sagte sie lachend. „Hauptsache
Beine und ein tiefer Ausschnitt."
– *Guten Morgen, Süße. Bist du zu Hause?*
Eine Nachricht von Kati. Alina freute sich.

Es war immer schön, wenn plötzlich das Chatfenster aufging.

Sie antwortete: – *Wir sind shoppen.*

– *Mit wem bist du unterwegs?*

– *Kennst du nicht. Zwei Mädels aus meiner Klasse.*

Alina dachte an Vici und Soumaya. Mit denen würde sie wohl kaum shoppen gehen. Aber jemand anderes fiel ihr nicht ein.

– *Sind die bei Facebook?*

Alina überlegte kurz, was sie antworten sollte.

Dann schrieb sie: – *Ich steh in der Umkleide. Melde mich später …*

Alina ließ sich in den Stuhl zurückfallen. Sie hatte ihre Freundin schon wieder belogen. Wollte sie sich rächen? Aber wofür? Kati konnte schließlich nichts dafür, dass sie weggezogen war.

„Ich bin so ekelhaft", schrie Alina plötzlich und fing an, zu weinen. Sie sprang auf und ging in die Küche. Dort trank sie ein Glas Saft.

„Hör auf, zu heulen", sagte sie zu sich selbst. Mit einer wütenden Bewegung wischte sie die Tränen ab.

Als Alina in ihr Zimmer zurückkam, war
Kati nicht mehr online.

Dafür hatte sie 24 Bestätigungen und drei
Anfragen bekommen.

„298 Freunde!!!", rief Alina. Sofort hellte sich
ihre Laune wieder auf.

Es war halb eins, als Alina die 300. Bestätigung bekam. Ein Gefühl des Stolzes breitete
sich in ihr aus.

„Und als Nächstes schaff ich die 400."

Nach zehn Tagen kam Ben aus dem
Trainingslager zurück. Es war das Ende
der zweiten Ferienwoche. Alina hatte sich
in der Zeit sehr oft gelangweilt. Die einzige
Ablenkung war es gewesen, bei Facebook
Anfragen zu verschicken und die Profile
ihrer vielen neuen Freunde anzusehen.

„Na, Schwesterherz, wie geht's?"

Ben stand im Flur und lächelte.

Alina zuckte mit den Schultern.

„Dir scheint's ja gut zu gehen", sagte sie.

Ben nickte und brachte seine Sporttasche
ins Bad. Alina folgte ihm.

„Und wie war das Trainingslager?", fragte sie.

„Morgens Training. Mittags Training. Nach-
mittags gegen andere Mannschaften spielen.
Und abends Laufen."

„Und sonst?", fragte Alina.

„Naja …", sagte er zögernd. „Es gab da noch
ein anderes Team …"

Ben stopfte seine Sachen in den Wäsche-
korb. Alina sah ihn an.

„Verliebt?", fragte sie geradeheraus.

Ben nickte.

Es war seltsam. Irgendwie tat es Alina weh.
Sie mochte ihren Bruder sehr. Und sie
wünschte ihm nur das Beste. Aber dass er
verliebt war, passte ihr nicht. Sie war eifer-
süchtig.

„Sie heißt Hannah", sagte Ben.

Alina drehte sich um und ging in ihr Zimmer.
Durch die geschlossene Tür hörte sie ihren
Bruder mit den Eltern sprechen.

Und was hatte sie zu erzählen? Nichts!

Alina öffnete Bens Profil. Unter seinem
Bild stand *In einer Beziehung*.

So vergingen Alinas Ferien. Sie saß an jedem Tag mehrere Stunden am Laptop und

war bei Facebook. Doch ihr war trotzdem langweilig.

„Komm doch mit ins Kino", sagte Ben.

Aber Alina wollte auf keinen Fall das fünfte Rad am Wagen sein.

Sie hatte jetzt 356 Freunde. Aber der Reiz an Facebook war irgendwie verschwunden. Die Freunde brachten ihr nichts, weil sie niemanden richtig kannte und kaum Kontakte daraus entstanden. Und es nervte sie, dass sie Anfragen verschickte, selbst aber kaum welche bekam. Und sogar Ben postete neuerdings nur selten Nachrichten wie

– Bin gerade mit Hannah an der Alster.

„Ich will jetzt endlich 400 Freunde", sagte Alina. „Dann bekomme ich bestimmt auch mehr Likes und Kommentare."

Doch wie konnte sie das erreichen?

„Vielleicht sollte ich mal was Neues probieren ...", sagte Alina nachdenklich. Ein seltsamer Kitzel breitete sich in ihr aus. Denn sie hatte eine ziemlich abgefahrene Idee.

Hätte Alina gewusst, was daraus entstehen würde, sie hätte es nie getan.

9

Alina stand wieder im Bad. Ihre Eltern schliefen schon. Und Ben war bei Hannah.

Sie stand mit dem iPhone in der Hand vorm Spiegel und stellte den Blitz aus.

„Etwas verschwommen ist besser", sagte sie und machte das Foto.

Das war's!

Alina sah sich mit dem Handy in der Hand. Sie trug ein bauchfreies Top und einen Slip. Mehr nicht. Das Licht war gelbgold und von ihrem Gesicht sah man nur die Hälfte.

Sie war zwar erkennbar, aber es hätte auch jemand anderes sein können. Und genau das wollte sie.

– Bei 50 Likes gibt's ein neues Foto!
Alina postete den Text zusammen mit dem Bild.

Es war ziemlich aufregend. Sie stellte sich vor, wie in dem Moment ihr Bild bei den Leuten in der Statusleiste angezeigt wurde:

– Alina hat ein neues Bild hinzugefügt.

Das Foto war in ihrer Chronik ganz oben.
Noch hatte niemand reagiert. Aber das
würde sicher nicht mehr lange dauern.
Und Alina musste nicht lange warten. Der
erste Like kam. Sie sah, dass es ein Gregor
Richter war, den sie gar nicht kannte. Und
schon folgte der nächste von Thomas
Bender aus ihrer alten Schule.
Nach fünf Minuten hatte sie schon 5 Likes.
„Geht doch …", sagte Alina. Ihr Plan, durch
ein besonderes Foto mehr Aufmerksamkeit
zu erregen, ging auf.
Der erste Kommentar klang zwar etwas
seltsam, aber Alina freute sich trotzdem:
– Geil! Zeig mehr!!!

Alina kannte den Absender nicht. Es war
ein Typ, der etwas älter aussah. Vielleicht
18 oder 19 Jahre alt?
Der zweite Kommentar war schon deutlicher.
Ein Michael Höfner schrieb:
– Und was kommt als Nächstes? Oben ohne?

Alina hielt sich die Hand vor den Mund.
Soweit sie wusste, war das bei Facebook
nicht erlaubt. Sie schrieb: *– Geht nicht bei
Facebook.*

Sofort kam die Antwort: – *Dann schick es doch als Anhang einer Nachricht …*
Alina tippte sich an die Stirn und gab keine Antwort. „Geiler Sack", sagte sie.
Jetzt hatte sie schon 7 Likes. Und das Foto war erst seit 15 Minuten im Netz. Draußen war eine laue Sommernacht. Und irgendwo in Deutschland saßen einige Typen vor ihren Rechnern und liketen ihr Bild. Dieser Gedanke gab Alina ein seltsames Gefühl. Etwas, das sie noch nicht kannte.
Sie fühlte sich begehrt.

Alina stand wieder im Bad. Mittlerweile war es halb zwei nachts. Sie trug jetzt nur einen Bikini. Sie stellte das Handy in das Regal neben sich. Dann schaltete sie den Blitz aus und startete den Selbstauslöser.
Sie wollte sich beim Auslösen kurz bewegen, damit das Foto verschwommen wird.
„Perfekt!", rief sie.
Wieder war sie in diesem goldenen Licht zu sehen. Diesmal halb nackt. Und wegen der Bewegung war das Bild verwischt und ihr Gesicht kaum zu erkennen.

Sie zog sich schnell an und ging zurück in ihr Zimmer.

„Mal sehen, wie viele Likes ich hab", sagte sie.

Alina konnte es kaum glauben: Es waren 47. In weniger als zwei Stunden!

„Genauso wollte ich es!"

Dann las sie die neuen Kommentare:

– *Kannst dich sehen lassen!*

– *Hey Leute, LIKEN!!! Die zieht sich ganz aus!*

– *Hey Alina, siehst echt gut aus in deinem Top!*

Alina mochte die Kommentare eigentlich nicht. Sie waren irgendwie schmierig.

Aber gleichzeitig gefielen sie Alina. Es war ein ungewohntes Gefühl, für ein Foto solche Kommentare zu bekommen.

Als es zwei Uhr morgens war, ging Alina ins Bett. Sie war ziemlich müde. Das Letzte, was sie sah, war der 61. Like.

Am nächsten Morgen erinnerte sich Alina sofort an das Foto, das sie gepostet hatte. Für einen kurzen Moment war ihr etwas unwohl. Wie viele Menschen hatten es schon geliket, während sie geschlafen hatte? Und was für Kommentare waren dazu gekommen?

„Das ist ja krass!", rief Alina.

87 Likes und 13 Kommentare!

Sie schaute sich die Likes als Erstes an.

Es waren fast nur Jungs. Außerdem hatten Kati, Jenny und Luci ihr Bild geliket.

Die Kommentare waren ähnlich wie die vom Vortag.

„Und was ist das?", fragte Alina.

Ein Typ, der viel älter war als die anderen Jungs, hatte ihr einen Link geschickt.

Alina klickte ihn an.

Zwei nebeneinanderstehende Fotos öffneten sich. Alina sah ein Mädchen mit Kamera vor einem Spiegel stehen. Das Foto war gestochen scharf. Das Mädchen trug einen sehr knappen Bikini und schaute herausfordernd in die Kamera. Das zweite Foto zeigte sie von hinten. Sie streckte den Po heraus.

„Und …?", fragte Alina. „Soll ich das auch machen, oder was?"

Alina sah sich das Profil des Mannes an.

Er war so alt wie ihr Vater. Seine Freundesliste bestand aus lauter komischen Typen.

„Widerlich …", sagte Alina verächtlich.

Sie klickte das Profil weg.

Bei den Kommentaren war auch einer, der Alina verunsicherte. Eine Mela Ni schrieb:

– *Hey, Alte, machst du das für Geld?*

Der Satz traf Alina. Es war wie ein Tritt in den Magen. Aber zugleich dachte sie, dass das Mädchen vielleicht neidisch war. Die anderen Kommentare waren alle positiv. Auch von Mädchen. Das gab ihr Mut für den nächsten Schritt.

„Jetzt gibt es das zweite Bild", sagte sie und postete das Foto, das sie nachts vor dem Badezimmerspiegel gemacht hatte.

Alina sah das Foto an. Und ohne darüber nachzudenken, schrieb sie: – *Bei 100 Likes mach ich noch eins!*

Nach nur einer halben Stunde hatte Alina für ihr neues Foto schon 27 Likes. Außerdem hatte sie jede Menge Anfragen. Es waren jetzt 448 Freunde!

Und das neue Foto war 3-mal kommentiert worden.

– *Hast ja noch was an! Weg mit dem Zeug!*

Den Typen kannte sie nicht. Alina suchte in ihrer Freundesliste nach dem Namen, konnte ihn aber nicht finden. Also musste es ein Freund ihrer Freunde sein. Darunter waren noch mehr Kommentare von Fremden:

– *Zeig deine TITTEN!*

– *Geiiiiles Mädel! Net aufhören, ja?*

– *Wenn so der Sommer aussieht …!*

„Ich bin weg!"

Alinas Vater stand plötzlich in der Tür.

Alina erschrak. Sie versuchte, das Bild mit den Kommentaren zu entfernen.

„Aber … das ist ja ein Nacktfoto!", rief ihr Vater.

Alina war wie erstarrt. Gleichzeitig raste die Maus über den Bildschirm. Sie traf das Kreuz zum Wegklicken einfach nicht.

„Bist du das etwa?", fragte ihr Vater.

„Quatsch …", sagte sie und drehte sich schnell um. Sie lächelte ihren Vater an.

„Wieso guckst du dir das an?", fragte ihr Vater. „Kennst du das Mädchen?"

Alina wurde immer nervöser. Sie wollte auf keinen Fall, dass ihr Vater näher kam und sie erkannte.

Zum Glück war das Bild verschwommen.

„Keine Ahnung, wer das ist",
sagte Alina.

Ihr Vater kam näher.

„Die sieht aus wie du."

Zack. Das Bild war endlich weg. Nur noch
das Hintergrundbild war zu sehen.

„Jetzt zeig doch mal", drängte ihr Vater.

„Wieso?", fragte Alina. „Stehst du auf nackte
Mädchen, oder was?"

Alina erschrak über ihre Worte.

Und auch ihr Vater war überrascht.

Er schwieg einen Moment.

Dann sagte er ruhig: „Lina, was ist los
mit dir?"

„Nichts!", rief sie. „Ich kann es nur nicht
leiden, wenn immer jemand einfach in
mein Zimmer kommt."

Ihr Vater legte seine Hand auf ihre Schulter.

„Ich war halt erschrocken", sagte er. „Im
ersten Moment dachte ich, du wärst das
auf dem Bild."

Alina zuckte mit den Schultern.

„Und wenn schon …", sagte sie.

Ihr Vater sah sie bestürzt an.

„Du weißt, wie gefährlich so was ist",
legte ihr Vater nach.

„Blablabla …", sagte Alina.

Wieder dieses Schweigen. Das war die Art, mit der ihr Vater immer stritt. Reden und Warten. „Ich will nur …"

„… mein Bestes", unterbrach Alina ihren Vater. „Ist klar! Nur dass ich das im Moment nicht brauche! Ich will nur in Ruhe meine Sachen machen und nicht immer irgendwelche Vorträge übers Internet hören. Ihr habt doch keine Ahnung!"

Alinas Vater nickte nur. Dann stand er auf und ging. In der Tür drehte er sich noch einmal herum.

„Ist ja gut, Lina", sagte er. „Ich wollte dich nicht ausspionieren. Ich bin einfach nur um dich besorgt. Und für das Mädchen tut es mir leid. Das Internet vergisst nichts."

Damit war ihr Vater weg. Auf Geschäftsreise bis zum Wochenende.

„Na und …?", sagte Alina.

Und was Alina beruhigte, war, dass weder ihr Vater noch ihre Mutter wussten, was bei Facebook passierte. Sie hatten einfach keine Ahnung davon. Überhaupt keine!

Am Mittag waren es 97 Likes. 34 Kommentare fanden sich außerdem unter dem Bild.

Aber das Beste waren die 47 Anfragen.

Alina hatte jetzt 495 Freunde.

„Dann muss ich wohl noch ein Foto machen", sagte sie lachend.

Aber ihr Lachen hatte auch etwas Trauriges. Denn sie dachte an das Gespräch mit ihrem Vater. Tief verborgen wusste sie, dass er Recht hatte. Aber das konnte sie sich nicht eingestehen.

Sie wollte ihr eigenes Ding machen.

Niemand sollte ihr reinreden. Schon gar nicht ihre Eltern.

„Jetzt gibt's was ganz Besonderes", sagte Alina. Sie zog die schwarze Unterwäsche mit den Rüschen aus der Schublade. Die hatte sie vor einem Jahr heimlich mit Kati gekauft. Ihre Eltern wussten nichts davon. Und getragen hatte sie die Wäsche auch noch nicht. Alina lief durch die ganze Wohnung. Sie wollte sicher sein, dass ihre Mutter wirklich weg war. Ben war auch verschwunden, also hatte sie freie Bahn.

Diesmal machte sie das Bild in ihrem Zimmer. Das Oberteil war ihr mittlerweile etwas

zu klein. Trotzdem sah es noch gut aus.
Diesmal sollte es ein besseres Foto sein.
Eins, auf dem sie klar zu erkennen war.
‚Das Internet vergisst nichts …', hörte sie
im Inneren die Stimme ihres Vaters. Sie
zögerte einen Moment.
Doch plötzlich breitete sich in ihr ein Gefühl
von Trotz und Zorn aus.
„Ist mir scheißegal!", rief sie. Die vielen Likes
und Kommentare für die beiden ersten Fotos
versetzten sie in einen wahren Rausch. Endlich hatte ihr neues Leben begonnen!
Alina stellte das iPhone auf die Fensterbank
und startete den Selbstauslöser. Sie setzte
sich mit übereinandergeschlagenen Beinen
auf den Stuhl. Nach einigen Sekunden ging
der Blitz an und das Foto war gemacht.
Auf dem Laptop sah es richtig gut aus.
Alina bearbeitete es noch ein wenig
und dann hatte sie das nächste Bild.
Sobald sie die 100 Likes für das vorherige
Foto hatte, würde sie es posten.

10

„Dein Vater hat mir erzählt, dass eine Freundin von dir ein Nacktfoto bei Facebook eingestellt hat."

Alina kaute ihr Brötchen. Sie saß mit ihrer Mutter in der Küche und aß Abendbrot. Ihre Mutter sah sie mit Adleraugen an. Die bekam sie immer, wenn sie Sorgen hatte.

„Das ist nicht meine Freundin", sagte Alina. Sie fühlte sich gut. Und auch ihre Mutter konnte daran nichts ändern. Denn sie hatte für ihr Bild 123 Likes bekommen. Außerdem kamen immer mehr Anfragen, die sie alle bestätigte. Ihre Freundesliste hatte an diesem Tag die magische Grenze von 500 überschritten. Alina besaß jetzt 534 Freunde.

„Und wer ist das?", fragte ihre Mutter.

„Irgendein Mädchen", sagte Alina.

„Aber woher kennst du die?", hakte die Mutter nach.

„Ich kenne die nicht", log Alina.

„Und wieso hast du ihr Bild angesehen?" Ihre Mutter starrte sie noch immer an.

„Weil es ein Freund von mir geliket hat."

Alina schmierte sich das nächste Brötchen. Es wunderte sie selbst, wie locker sie diese Lügen auftischte.

„Aber warum schaut man sich so was an?", wollte ihre Mutter wissen.

Alina hob den Kopf und sah ihrer Mutter direkt ins Gesicht.

„Weil junge Mädchen einfach schöner sind als alte Frauen."

Ihre Mutter stand auf und verließ die Küche.

„Oh-oh ...", sagte Alina und aß weiter.

Noch immer bekam sie für ihr Foto Likes. Jetzt waren es 158. Und auch ein paar Kommentare waren hinzugekommen. Die meisten waren von Typen, die sie in den letzten Stunden als Freunde bestätigt hatte.

Aber es gab auch ganz andere Kommentare. Und diese waren richtig fies. Als Alina den ersten gelesen hatte, fühlte sie sich wirklich schlecht.

Eine Sophie Z. schrieb: – *Alte, du bist echt megabillig. Lass dich mal ..., dann stellst du wenigstens nicht mehr so Bilder hier rein.*

Alina wollte schon darauf antworten. Doch

dann tat es ein Jan Hinze für sie. Er schrieb:
– *Sie kann sich sehen lassen. Wer es will,*
darf es auch. Warum auch nicht? Mädels,
seid mal nicht so neidisch.
Obwohl Alina diesen Jan Hinze nicht kannte,
fühlte sie sich zu ihm hingezogen. Er hatte
sich für sie eingesetzt. Und das tat ihr gut.
Wenig später antwortete Sophie Z.:
– *Das hat nichts mit Neid zu tun.*
Wir anderen Mädels brauchen uns nicht halb
nackt im Internet zu zeigen, um Aufmerksam-
keit zu bekommen!!!!! Wenn ihr Männer auf
so was steht, bitte schööööööööön!!!
Und direkt darunter schrieb eine Zaza KIO:
– *Geb ich dir Recht, Sophie!! Ich würde*
niemals auf so eine Idee kommen. Aber
gut, wer's nötig hat …
Und dann folgte ein Kommentar, bei dem Alina für einen Moment an ihren Vater dachte.
Es war zwar unmöglich, aber trotzdem kam
es ihr so vor, als hätte er das geschrieben.
– *Das Internet vergisst nichts. Jedes Bild,*
das geliket wurde, ist nie wieder rauszu-
löschen. Irgendwann kommt die Reue!!!!!!

Alina saß vor dem Bildschirm. Mittlerweile war es zehn Uhr abends. In ihr stritten die Gefühle. Denn zum einen ging es ihr richtig mies, weil sie so angegriffen wurde. Und zum anderen fühlte sie eine große Verbundenheit mit allen, die etwas Positives geschrieben hatten. Meistens waren es Jungs, oft auch erwachsene Männer.

In diesem Augenblick klopfte es.

„Ja …?" Alina klickte die Facebook-Seite weg.

„Kann ich reinkommen?", fragte Ben.

„Klar", sagte Alina.

Ben öffnete die Tür und sah sie an.

„Was ist denn mit dir los?", fragte er.

„Mama sagt, du hättest sie beleidigt."

Alina erinnerte sich an ihr Gespräch in der Küche beim Abendessen. Vermutlich ging es um den Satz mit den alten Frauen. Alina zuckte mit den Schultern.

„Die war voll nervig", sagte sie.

Ben setzte sich auf ihr Bett.

„Mama findet, du bist zu viel bei Facebook", sagte Ben.

Alina sah Ben an. Er war irgendwie verändert. Ein bisschen wirkte er wie ihre Eltern.

Genauso besorgt.

„Und du?", fragte sie ihn. „Wie oft bist du bei Facebook?"

Ben schüttelte den Kopf.

„Im Moment gar nicht mehr", sagte er.

„Schön für dich." Alina war gereizt. Seit Ben mit Hannah zusammen war, wurde er zum Spießer.

„Und jetzt will ich allein sein", sagte Alina.

Ben sah sie eine Weile an. Dann stand er auf und verschwand aus ihrem Zimmer.

Alina öffnete Bens Profil. Mit ein paar schnellen Klicks war er aus ihrer Freundesliste verschwunden.

– *Bei 200 Likes gibt's noch eins!*

Alina postete das Foto mit der schwarzen Wäsche.

Ab und zu fuhr ein Auto durch die Straße. Ansonsten war es ein stiller, warmer Sommerabend.

Gerade hatte sie alle Kommentare für ihr letztes Foto gelesen.

„Ich bin mal gespannt, was jetzt passiert", sagte Alina.

Sie öffnete ihre Chronik und sah das neue Foto an erster Stelle. Noch hatte es niemand bemerkt.

Ihre Freundesliste war jetzt auf 579 angewachsen. Sie scrollte an den Profilen herab. Es waren sehr viele Jungs dabei. Sie kannte fast niemanden. Und ihre Freunde aus der alten Schule gingen darin fast unter.

„Von denen hat noch keiner was geschrieben", sagte Alina.

Für einen kurzen Moment dachte sie an Xeno. Was der wohl dazu sagen würde? Aber kaum jemand, den sie kannte, hatte ihre Fotos geliket oder kommentiert. Nicht einmal Kati, Jenny oder Luci.

Mit einem Mal schlug Alinas Herz schneller. Beim Gedanken an ihre Freundinnen wurde ihr unwohl. Kati, Jenny und Luci hätten niemals solche Fotos bei Facebook gepostet. Und ich früher auch nicht, dachte Alina für einen kurzen Moment.

Doch dann sah sie den ersten Like.

Und dieses *Gefällt mir* lenkte sie sofort von ihren Gedanken an früher ab.

Der Like kam von Tobias Kuhn. Irgendein Typ, der am Wochenende vor seinem

Computer saß und die Profile von fremden Mädchen ansah.

Ihre Freundinnen waren jetzt bestimmt im „Greyhound". Oder in der Hafenbar. Oder erlebten sonstwas, von dem Alina keine Ahnung hatte.

Plötzlich zerriss ihr Herz in zwei Hälften. Eine Seite für das neue Leben, die andere Seite für das alte. Es tat ihr richtig weh. Aber sie wusste, dass sie nicht beide haben konnte.

Alina entschied sich für das neue Leben. Ganz einfach und ganz schnell.

Es dauerte keine Minute, da hatte sie drei Namen aus ihrer Freundesliste gelöscht. Kati. Jenny. Luci.

Ihr altes Leben war endlich vorbei!

Schon kam der erste Kommentar:

– Super, Alina! Und an alle, die das hier sehen: LIKEN!!!

Als Alina um drei Uhr morgens ins Bett ging, wusste sie nicht, welche vernichtende Welle auf sie zurollte. Eine Welle, die alles mit sich reißen würde, was ihr lieb war.

Alina hatte über Nacht 97 Likes bekommen. Und jede Menge Kommentare.

– Warum so viel anziehen bei dem Wetter?

– Wann gibt's oben ohne?

– Hast du noch 'ne Schwester?

– Der Sommer kann sich sehen lassen!
Auf ins Freibad!!!

– Geiles Ding!

– Was kommt als Nächstes? Oben ohne?
Unten ohne? Ganz nackt?

– Du bist echt mutig, Kleine! Weiter so!

– Schönheit hat einen Namen: ALINA!

Alina las und lächelte. Gleichzeitig bestätigte sie die vielen neuen Anfragen. Jetzt hatte sie schon 613 Freunde.

Und dann passierte es. Es war früher Abend und Alina bekam einen weiteren Kommentar. Diesmal von Vici.

Alina ahnte, dass etwas Vernichtendes darin stand.

– Ey, Alina! Haste nix Besseres zu tun?
Das ist ja VOLL peinlich, was du hier treibst!

Der Kommentar steckte wie ein giftiger Pfeil unter ihrem Foto. Es war zum ersten Mal ein negativer Kommentar von einer Person, die sie wirklich kannte. Alina hätte ihn ganz einfach löschen können. Aber was hätte das gebracht? Vici konnte ihn jederzeit im Chat oder sonstwo wiederholen.

Eine ganze Weile starrte Alina darauf.

Was würde jetzt passieren?

Alina sah einen neuen Kommentar. Er war von Julia, einem anderen Mädchen aus ihrer neuen Klasse.

– *Was haben wir denn da für eine Aufmerksamkeitsgeile? Wusste ja gar nicht, dass die SOOO drauf ist …*

Alina erschrak. Sie las den Kommentar gleich 4-mal.

„Was soll das …?", fragte sie. „Das sind doch nur Fotos!"

Aber das sahen plötzlich einige Leute ganz anders.

Alina konnte es nicht glauben. Immer mehr Kommentare aus ihrer Klasse kamen.

Zum Beispiel schrieb Zeynep: – *Verdienst du damit Geld? Oder kompensierst du nur mangelnde Anerkennung von Daddy?*

Alina hatte noch nie ein Wort mit ihr gesprochen.

„Wie kommt die darauf?", rief Alina.
„Die kennt mich doch gar nicht!"
Sie hatte das Gefühl, den Boden
unter den Füßen zu verlieren.
Dann schrieb Daniel, der Klassensprecher:
– *Das Bild sieht ja nicht schlecht aus. Aber
ich finde es armselig, dass du dich so im
Internet zeigst. Eklig!*
„Hallo?!" Alina sprang auf und schlug sich
die Hände vors Gesicht. „Was wird das hier?
Wollt ihr mich fertigmachen?"
Ihr Magen fuhr Karussell. Alina war jetzt
richtig schlecht. Und vor allem spürte sie
eine wahnsinnige Angst, die ihr den Schweiß
auf die Stirn trieb.
Ping. Der nächste Kommentar. Alina las:
– *Also mal ehrlich, was soll das??? Auf
der Reeperbahn stehen auch so welche.
Da kannst du dich dazustellen!*
Es war Melanie, ein Mädchen, das Alina
ganz nett gefunden hatte.
Alina hatte sich eigentlich vorgenommen,
Melanie nach den Ferien anzusprechen.
Aber das war jetzt wohl nicht mehr möglich.
Immer mehr Kommentare kamen von den
Leuten aus ihrer Klasse.

– *Schämst du dich nicht?*
– *Tankst du dir hier dein Selbstbewusstsein auf oder was?*
– *Eine wie dich wollen wir hier nicht!!!*
Sogar Carina hatte geschrieben.
– *OMG, ohne Worte!!!*
Irgendwann schaltete Alina den Laptop einfach aus.

„Das war's", flüsterte sie.

„Da kann ich nicht mehr hin."

Am liebsten hätte Alina geweint. Aber sie konnte es nicht. Was sie in den letzten Tagen so oft getan hatte, ging nicht mehr. Ihre Tränen waren einfach versiegt.

Alina kam sich vor, als wäre zwischen ihrem zerrissenen Herzen eine Schlucht entstanden.

Hier das alte Leben – verloren.

Da ihr neues Leben – auch verloren.

In der Mitte ein weiter Abgrund, in den sie stürzte. Immer tiefer, ohne Ende. Ein Fall in die schrecklichste Finsternis ihres Lebens.

„Bist du krank?", fragte Alinas Mutter.
Sie war gerade vom Spätdienst zurück.
Es war nach 22 Uhr. Alina lag im Bett.
Ihre Mutter setzte sich neben sie und
legte ihre Hand auf Alinas Stirn.
„Also, Fieber hast du nicht", sagte sie.
„Tut dir denn was weh?"
„Mir ist schlecht", sagte sie leise.
„Magst du einen Tee?"
Alina nickte kurz. Sie wollte allein sein.
Ihre Mutter verließ das Zimmer.
Alina starrte noch immer an die Wand
gegenüber. Seit Stunden tat sie das. Und
seit Stunden dachte sie nur an eins: In fünf
Tagen geht die Schule wieder los …
Dann würde Alina alle treffen, die ihr Bild
kommentiert hatten. Und alle anderen aus
ihrer Schule würden das wissen. Von den
Kleinen aus der Fünften bis hin zu den
Großen. Und auch ihre Lehrkräfte würden
es früher oder später erfahren.

Erst am nächsten Morgen stand Alina auf. Sie hatte fast 14 Stunden einfach nur so dagelegen. Aber jetzt konnte sie nicht mehr. Sie öffnete Facebook.

Ihr Bild hatte 261 Likes. Und 94 Kommentare. Außerdem waren 38 Anfragen eingegangen. Wenn Alina alle Anfragen bestätigen würde, wären es 651 Freunde.

Aber Alina tat nichts.

Sie bestätigte die Anfragen nicht.

Sie las die Kommentare nicht.

Sie saß nur vor dem Laptop und starrte auf die Startseite. Dort waren die ganzen Statusmeldungen ihrer Freunde. Irgendein Mist, der sie kaltließ.

Alina öffnete ihre Chronik.

Ganz oben war ihr letztes Bild. Auf dem Stuhl sitzend, halbnackt, die Beine übereinandergeschlagen. Ihr Mund zeigte ein kleines Lächeln. Und darunter die anderen Fotos, die sie gepostet hatte.

„Das bin ich nicht …", sagte Alina.

‚Aber wer ist es dann?', fragte etwas in ihr.

„Ich weiß es nicht!", flüsterte Alina.

Das Facebook-Leben hatte die Kontrolle über Alinas echtes Leben übernommen.

In dem Moment kam eine Chat-Nachricht.
– *Sehr schöne Bilder!*
Eine Nachricht von Xeno.
Alina musste für einen kurzen Moment lächeln. Xeno! Er schrieb wie immer das Gleiche. Aber diesmal tat es total gut.
Alina antwortete: – *Danke.*
Sofort schrieb er zurück: – *Hast du die Kommentare gelesen?*
– *Ein paar … aber nicht alle.*
– *Dann lass es. Besser, du liest das nicht.*
– *Aber was soll ich denn machen?*
Es dauerte eine Weile, bis Xeno antwortete.
– *Du solltest solche Bilder nicht ins Netz stellen. Auch wenn es schöne Bilder sind.*
Alina konnte darauf nichts antworten. Xeno hatte Recht. Das wusste sie jetzt auch. Aber was geschehen war, war geschehen. Außerdem hatte sie doch auch viele Likes bekommen. Und sie hatte viele Freunde.
Da kam die nächste Nachricht von Xeno.
– *Am besten löschst du deinen Account. Das ist doch sowieso nur ein Fake. Oder kennst du alle Kerle, die dich geaddet haben?*
„Was?" Alina war wie vor den Kopf gestoßen. Sie sollte ihren Account löschen?

So schlimm konnte es doch nicht sein.
– *Wenn es etwas gibt, das ich für dich*
tun kann, dann sag es mir. Alles Gute!!!
Alina spürte die erste Tränen über ihre
Wangen laufen. Sie tippte sehr langsam.
– *Danke!!!!!!!*
Und dann öffnete sie ihre Chronik und
stellte sich der Wahrheit.

– *Zieh dich an, wir sind hier in*
Facebook & da gehört deine
erbärmliche Fresse nicht rein!
– *Geh doch einfach auf den Strich! Aber dei-*
ne Fresse … Haha, irgendwie voll der Fail!
– *Eine kranke Welt voller kranker Menschen!*
– *Der Hammer ist dein letztes Bild!*
Unterwäsche-Selbstporträt und das
Zimmer im Hintergrund wie bei Hempels
unterm Sofa. Das wär mir persönlich
etwas peinlich! Hihi …
– *Keine Ahnung, warum man sich immer so*
trashy zeigen muss. Glaubst du, die Geilheit
mit Löffeln gefressen zu haben …?
– *Wie verzweifelt muss man sein …*
– *So was ist billig, jetzt mal ohne Witz.*

Die Weiber heutzutage können kein Stück Stolz zeigen … sorry, ist nur die Wahrheit.
– Auweia, einfach nur naiv … dass dich fremde Männer nun als W…vorlage benutzen könnten, ist dir wohl nicht bewusst … nimm doch gleich Geld dafür, dann ist es nicht ganz so billig …
– Jeder Geschmack ist anders. Und du bist nur armselig und niveaulos.
– Ich glaube, deine Eltern wären nicht so begeistert, wenn sie wüssten, was du für Bilder ins Netz stellst. Für mich bist du eine Lachnummer, mehr nicht.
– Die Jungs, die dir jetzt ein Like geben, wollen dich eh nur f…
– Ich sehe Bilder wie deine ständig auf meiner Pinnwand, weil drei offenbar notgeile Typen in meiner Freundschaftsliste ständig solche Fotos liken. Halbnacktfotos find ich einfach nur billig. Klar ist es deine Sache. Aber das macht die Sache nicht besser.
– Nicht schon wieder! Mannmannmann, meld dich doch in einer Sexgruppe an, da bist du herzlich willkommen. Die suchen so was schnell Ausziehbares wie dich!

13

Alina wartete jetzt schon eine ganze Weile und hoffte, dass der Schreck vergehen würde. Aber er blieb. Aus einem Albtraum konnte man wenigstens aufwachen. Doch dieser Albtraum hier war echt. Und daraus gab es kein Entrinnen.

Alina starrte noch immer auf ihr Foto.

Alle Leute aus ihrer Klasse hatten einen Kommentar geschrieben. Außer Soumaya, die ja keinen Account hatte.

Es war ihr unendlich peinlich. Denn eigentlich hatte Alina nur versucht, mit ein paar spannenden Fotos viele Freunde bei Facebook zu bekommen. Und was hatte sie jetzt? Einen Haufen schrecklicher Kommentare und sogenannte Freunde, die sie aber gar nicht kannte.

„Alle können die Kommentare lesen", sagte sie zu sich selbst.

In dem Moment schoss ihr ein Gedanke durch den Kopf. „Wenn dein Profil öffentlich ist, können es nur die Freunde von deinen Freunden sehen. Das ist so bei Minderjährigen." Das hatte Ben vor einigen Wochen gesagt.

„Dann können ja nur …"

Alina überlegte blitzschnell, wer alles die Kommentare zu den Fotos gelesen haben könnte. Vermutlich alle an ihrer alten Schule.

„Und in der neuen Schule?"

Dort war Alina nur mit Vici befreundet. Und das bedeutete, dass die anderen Leute aus ihrer neuen Klasse nur über Vici an Alinas Profil gekommen waren. Vermutlich hatte Vici mit ihrem ersten Kommentar die Lawine ausgelöst.

„Vielen Dank, Vici", sagte Alina. „Auf solche Leute kann ich verzichten!"

Mit wenigen Klicks hatte Alina Vici aus ihrer Freundesliste gelöscht. Genau wie Kati, Jenny und Luci.

Beim Gedanken an ihre Freundinnen wurde Alina so richtig elend. Ein paar Wochen hatten genügt, um die Freundschaft zu beenden. Jetzt fühlte sich das umso schlimmer an. Denn Alina begriff, dass sie alles verloren hatte. Ihre Vergangenheit und ihre Zukunft.

In diesem Moment ging die Wohnungstür auf. Ben kam direkt in Alinas Zimmer.

„Wir müssen reden", sagte er. „Sofort!"

„Aber … Was ist denn?", stammelte Alina.

Ben knallte die Tür zu und stellte sich vor sie.

„Du weißt, um was es geht!"

Alina zuckte mit den Schultern. Sie starrte auf den Boden.

„Um mal gleich was klarzustellen", sagte Ben. „Ich bin nicht sauer oder so. Aber ich bin echt entsetzt. Warum machst du so was? Du verkaufst dich für Likes. Hast du da mal drüber nachgedacht?"

Alina schwieg noch immer.

„Die Fotos und die ganzen Kommentare gehen gar nicht", sagte er. „Wenn die bleiben, bist du erledigt. Hast du mich verstanden? Du musst das Zeug sofort löschen!"

„Woher weißt du das alles eigentlich?", fragte Alina.

„Oh Schwester!", rief Ben. „Glaubst du etwa, es reicht, jemanden von seiner Freundesliste zu löschen? Facebook ist total vernetzt. Von irgendwem bekommt man immer was über andere raus. Und mir hat ein Freund aus dem Verein gesteckt, was du so treibst."

Für einen Moment sah Ben nachdenklich zu Boden.

„Leider habe ich es zu spät gemerkt. Um genau zu sein, erst heute Morgen, als Hannah kurz bei Facebook war. Ich hätte dich schon beim ersten Foto warnen sollen." Ben sprach weiter.

„Lina, deine Aktion macht gerade ordentlich die Runde in unserem kleinen Ort. Und in Köln geht es sicher auch schon rum."

Alina hielt sich die Hände vor den Mund. Sie wollte nicht schon wieder weinen.

Aber es half nichts. Denn in diesem Moment wurde ihr mit voller Wucht klar, dass sie alle gesehen hatten.

Alle!

Auch Kati, Jenny und Luci.

Ben sah sie lange an. Dann sagte er: „Schwesterherz! Du wirst jetzt deinen Account löschen. Und zwar sofort!"

Es ging alles sehr schnell.

Ben saß an ihrem Laptop und wollte gerade auf die Option zum Löschen gehen.

Da sagte Alina: „Einen Moment noch.

Bitte lass mich noch einmal mein Profil ansehen, ja?"

Ben sah Alina fragend an. „Du kneifst doch nicht, oder?"

„Nein", sagte sie. „Bitte, nur noch einen Moment!"

Ben stand auf und Alina setzte sich.

Schnell hatte sie ihr Profil geöffnet.

Alina sah, dass noch mehr Anfragen gekommen waren. Und auch neue Kommentare waren dabei.

„Bist du sicher, dass du das lesen willst?", fragte Ben.

„Ja, bin ich", sagte Alina.

Sie öffnete die Kommentare.

Es waren die üblichen Bemerkungen von irgendwelchen Typen, die ein halbnacktes Mädchen geil fanden. Plötzlich fand Alina diese ganzen Kommentare einfach nur noch widerlich.

Und dann sah sie einen Kommentar, der ihr Herz schneller schlagen ließ. Es war Xeno, der etwas geschrieben hatte.

– *Leute, was regt ihr euch auf? Ist doch nicht euer Leben und keiner sagt, dass ihr euch die Bilder anschauen müsst. Und fremde*

Personen im Internet zu beleidigen,
hat auch nicht wirklich Stil.

„Das ist cool", sagte Ben. „Wer ist das?"
Alina lächelte.
„Ich glaube, ein Freund", sagte sie.
„Ein echter Freund!"
In dem Moment stand Alina auf und ließ Ben
an den Laptop. Mit wenigen Klicks war ihr
Account gelöscht.

Für einen Moment hatte Alina geglaubt,
alles wäre vorbei. Aber das stimmte nicht.
Immer noch hatte sie Angst vor dem ersten
Schultag nach den Ferien.
Am letzten Wochenende saßen alle zusam-
men beim Frühstück.
„Lasst uns heute was unternehmen", sagte
Alinas Vater.
Hannah war zum ersten Mal über Nacht
geblieben und saß mit am Frühstückstisch.
Sie wollte gerade etwas sagen, da ging
das Telefon.
„Ich geh mal ran", sagte Alinas Vater und
nahm das Telefon in die Hand.
„Ja bitte?" Der Vater nickte: „Am Apparat.

Was gibt es denn?"

Er warf Alina einen kurzen Blick zu.

„Ja, die ist da. Soll ich sie Ihnen mal geben?"

Kurz darauf reichte er Alina das Telefon.

„Deine Lehrerin."

Alina riss die Augen auf.

„Frau Fuchs?"

Sie nahm den Hörer entgegen.

Dann hörte Alina, was Frau Fuchs zu sagen hatte. Und das war alles andere als angenehm. Denn Frau Fuchs hatte das Profil von Alina gesehen. Irgendwelche Eltern hatten sie darauf aufmerksam gemacht.

„Alina, ich will jetzt gar nicht wissen, warum du das machst", sprach Frau Fuchs weiter. „Und ich will dir auch keine Vorwürfe machen. Aber du solltest eines wissen."

Frau Fuchs machte eine kurze Pause, bevor sie weitersprach.

„Du wirst es in der Klasse verdammt schwer haben. Ich habe die Kommentare gelesen. Und es tut mir wahnsinnig leid für dich. Aber das ist eine wirklich ernste Situation, verstehst du?"

Alina sagte: „Ich habe meinen Account doch schon gelöscht …"

Sie war mittlerweile in ihr Zimmer gegangen.
„Das war in jedem Falle richtig", sagte Frau
Fuchs. „Aber wissen deine Eltern Bescheid?"
„Nein, nur mein Bruder."
„Deine Eltern müssen informiert werden",
sagte Frau Fuchs.
„Alina, ich würde gerne zu euch nach
Hause kommen. Ist das o. k. für dich?"
„Und dann?", fragte Alina.
„Dann überlegen wir gemeinsam, was wir tun
können. Aber erst einmal muss ich wissen,
ob du bereit bist, mit deinen Eltern und mir
eine Lösung zu finden."
Alina dachte kurz nach.
Dann sagte sie: „Ja … das bin ich."
„Gut. Dann gib mir noch mal deinen Vater."
Alina zögerte kurz.
„Ich will es meinen Eltern aber selber sagen."

Noch am selben Tag kam Frau Fuchs vorbei.
Es war kurz nach 15 Uhr, als alle zusammen
im Wohnzimmer saßen.
„Unseren ersten Gast hatte ich mir auch
anders vorgestellt", sagte die Mutter und
lächelte Frau Fuchs unsicher an.

„Das kann ich mir denken", sagte sie. „Aber es ist gut, dass Sie sich die Zeit genommen haben, um mit mir zu sprechen."

„Ich bin noch immer ganz durcheinander", sagte Alinas Vater.

Er hatte auf die Nachricht zunächst mit Wut reagiert und Alina jede Menge Vorwürfe gemacht. Doch Ben und Hannah konnten ihn einigermaßen beruhigen.

„Alina hat uns alles erzählt", sagte die Mutter. „Wir wussten ja nichts."

„Die meisten Eltern haben keine Ahnung von Facebook", sagte Frau Fuchs. „Und die meisten verteufeln es einfach, anstatt sich damit auseinanderzusetzen. Aber das ist falsch."

„Wir haben gar nicht geahnt, wie einsam Alina ist", sagte der Vater. „Es tut mir wirklich leid. Glaub mir, Lina!"

Alina tat es gut, das zu hören. Denn sie hatte mit weiteren Vorwürfen gerechnet. Aber endlich hatte sie das Gefühl, dass ihre Eltern sie wieder verstanden.

„Sie müssen eines wissen", sagte Frau Fuchs. „So etwas ist nicht der Untergang. Alina ist noch jung und irgendwann wächst Gras über die Sache. Auch wenn das Internet nichts vergisst. Aber es waren ja nur wenige Fotos. Das Wichtigste ist jetzt erst mal, dass der Account gelöscht ist und dass das auch so bleibt."

„Da können Sie sicher sein", sagte Ben und stupste Alina vors Bein.

Diese lächelte kurz, obwohl ihr noch immer unwohl war. Denn in zwei Tagen ging die Schule wieder los.

„Und was passiert jetzt?", fragte Alina und sah Frau Fuchs an. „Muss ich am Montag wieder in die Schule?"

„Damit sind wir am schwierigsten Punkt", sagte Frau Fuchs. „Alina, ich sage es gerade heraus. Die Klasse hat sich komplett gegen dich gerichtet. Sogar einige Eltern haben mich angerufen. Sie wollen, dass du die Klasse verlässt. Ich habe mit den meisten gesprochen. Nur Carina ist auf deiner Seite."

„Aber sie hat mir doch selbst einen fiesen Kommentar geschickt", wunderte sich Alina.

„Das stimmt", sagte Frau Fuchs. „Carina hat leider selbst bei Facebook genügend Probleme. Vor allem mit Victoria. Du warst nicht die Einzige, die von ihr beschimpft wurde. Carina wurde regelrecht gemobbt. Vielleicht wollte sie sich mit dem Kommentar bei Victoria einschmeicheln. Aber das ist ein anderes Thema."

Frau Fuchs holte tief Luft. Dann sprach sie weiter: „Alina, ich gehe davon aus, dass deine Geschichte sehr schnell die Runde an unserer Schule machen wird. Aber wenn du willst, dann stehen wir das durch. Ich bin bereit, dir dabei zu helfen."

„Am liebsten würde ich woandershin", sagte sie.

Jetzt mischte sich ihre Mutter ein.

„Das geht nicht, Liebes. Du kannst nicht mehr zurück in deine alte Schule."

„Das meine ich doch gar nicht", sagte Alina.

„Aber was denn?", fragte ihr Vater.

„Ich meine …" Alina sah Frau Fuchs Hilfe suchend an. „Kann ich nicht einfach die Schule wechseln?"

Für einen Moment wurde es ganz still im Wohnzimmer.

Dann sagte Frau Fuchs: „Um ehrlich zu sein, genau das wollte ich dir vorschlagen." Und dann berichtete Frau Fuchs, dass sie bereits mit dem Schulleiter einer anderen Schule gesprochen hatte.

„Dahin könntest du übermorgen wechseln. Es wäre allerdings mitten in Hamburg."

„Ist eh besser", sagte Ben. „Hier ist ja der Hund begraben …"

Frau Fuchs lächelte. Dann richtete sie sich wieder an Alina.

„Wäre das was für dich?"

Ohne zu zögern, sagte Alina: „In jedem Fall!" In diesem Moment fiel eine tonnenschwere Last von ihr ab. Das war das Beste, was ihr passieren konnte.

„Dort weiß niemand von deiner Geschichte", sagte Frau Fuchs. „Und ich bin überzeugt, dass du dich an dieser Schule wohlfühlen wirst."

Frau Fuchs sah lächelnd in die Runde.

„Schließlich ist mein Mann dort Schulleiter."

Am ersten Schultag nach den Sommerferien war Alina ziemlich aufgeregt.
Doch sie fühlte sich in ihrer neuen Klasse
sofort wohl.

In den Wochen bis zu den Herbstferien tat
sie alles dafür, um neue Freunde zu finden.
Und sie tat es gerne. Denn dieses Mal wollte
sie wirklich neu anfangen. Und dazu gehörte
es vor allem, die Leute ihrer neuen Klasse
kennenzulernen.

Und noch etwas tat Alina: Sie sprach sich
mit Kati, Jenny und Luci aus. Ihre drei Freundinnen hatten gar nicht richtig mitbekommen,
was Alina bei Facebook gemacht hatte. Sie
waren zu enttäuscht gewesen, dass Alina
den Kontakt einfach abgebrochen hatte.

Und als sie von Mitschülern auf die Fotos
angesprochen wurden, war es schon zu spät
gewesen. Zum Glück war ihre Freundschaft
so groß, dass sie jetzt wieder regelmäßig
Kontakt hatten.

Heute war der erste Tag in den Herbstferien.
„Ich hab eigentlich überhaupt keine Zeit",
sagte sie zu Ben.
„Trotzdem musst du mitkommen", sagte er.
„Ich habe eine Überraschung für dich."
„Aber ich bin mit Fatma verabredet",
wehrte sich Alina.
„Dann ruf sie an und sag, dass dir was
Wichtiges dazwischengekommen ist",
bestimmte Ben.
„Kannst du vergessen", rief Alina.
„Ich lüge nicht mehr!"
„Dann ruf ich an!"
„Ist es wirklich sooo wichtig?", fragte sie.
Ben nickte.
„Wehe …", sagte Alina und rief Fatma an.
Wenig später saßen die Geschwister in der
S-Bahn Richtung Hamburg und waren nach
20 Minuten im Schanzenviertel. Dort lenkte
Ben Alina durch das quirlige Straßengewirr.
„Jetzt sag doch endlich mal, was los ist",
verlangte Alina.
Doch Ben tat so, als hätte er sie nicht gehört.
Bei einem kleinen Café machte er halt.
„Wir sind da", sagte er. „Setz dich."
Alina ahnte noch immer nicht, was er wollte.

Sie setzte sich auf einen freien Platz und sah ihren Bruder fragend an.

„Möchtet ihr was trinken?", hörte Alina eine Stimme hinter sich. Sie sah, dass Ben so seltsam grinste.

„Was gibt's denn?", fragte Ben.

„Das kommt darauf an, was ihr wollt", sagte jemand anderes, der auch hinter Alina stand. Und eine dritte Stimme sagte:

„Vielleicht Zitronenkuchen mit Cola?"

Alina wirbelte herum. Dass sie Zitronen- kuchen mit Cola über alles liebte, wussten doch nur ihre Familie und …

„Nein!", schrie Alina und sprang auf.

Vor ihr standen Kati, Jenny und Luci. Sie hielten ein Tablett mit Zitronenkuchen und eine Flasche Cola in den Händen.

„Überraschung!", riefen sie im Chor.

Die vier Mädchen fielen sich in die Arme. Dabei rutschte der Kuchen fast vom Teller. Aber das war jetzt egal. Denn endlich waren sie wieder zusammen. In Hamburg!

„Ich muss schon wieder weinen", sagte Alina lachend.

Aber jetzt war das was anderes. Denn diesmal waren es Freudentränen.

Erst nach einigen Minuten wurde Alina
ruhiger. Die Mädchen standen sich gegenüber und lächelten die ganze Zeit. Immer
wieder musste eine kichern. Dann holte
Alina tief Luft und wischte sich die Tränen
weg. Sie sah ihre Freundinnen an und
strahlte vor Glück.
„Ich hab euch so vermisst", sagte Alina
und spürte die nächsten Tränen kommen.
„Ihr glaubt gar nicht, wie sehr ihr mir gefehlt
habt!!!"

– Hey, Süße! Hamburg war der HAMMER!!!
– Schade, dass ihr nur fünf Tage Zeit hattet
… Aber sooo schööööööööööön, dass ihr
da wart!!!!!
– Das finde ich auch.
– Und ich erst mal!!! Aber jetzt sag endlich,
wer ist eigentlich dieser Jens?
– Jens …? Welcher Jens?
– Du weißt GANZ GENAU, welchen Jens
wir meinen!
– Der aus meiner neuen Klasse …?
– Ja-haaaaaaaaaaaaa!!!
– Was soll mit dem sein???

– *Das wollen wir ja VON DIR wissen!*

– *Da ist nix … (hihi)*

– *…*

– *…*

– *…*

– *Naja, nur ein bisschen ‚nix‘.*

– *Wie? WAAAS?*

– *ERZÄHL!!!*

– *Boaaaah, ihr stellt Fragen!!! Da ist wirklich nichts. Aber von mir aus könnte da GERNE was sein …*

– *Endlich redet sie!!!!*

– *Und was ist mit neuen Freunden?*

– *Meinst du Facebook oder in echt?*

– *Beides!*

– *Bei Facebook ein paar. Und in meiner neuen Schule auch.*

– *Lina?! Es war super in Hamburg!!!*

– *Sagtest du schon, Kati!*

– *Wir kommen wieder!*

– *Ja, wir kommen GAAANZ bestimmt wieder!!!!!!!!*

– *Und in den nächsten Ferien komme ich zu euch nach Köln!!!*